教育部人文社会科学研究青年基金项目成果（项目批
福建省高等学校新世纪优秀人才支持计划项目（JYX

空间聚集
与区域经济差异的
统计测度及因素分析

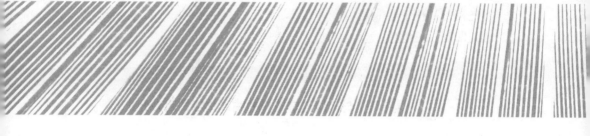

庄 赟｜著

中国财经出版传媒集团
经济科学出版社
Economic Science Press

图书在版编目（CIP）数据

空间聚集与区域经济差异的统计测度及因素分析/
庄赟著 . —北京：经济科学出版社，2020.11
ISBN 978 - 7 - 5218 - 2103 - 1

Ⅰ.①空…　Ⅱ.①庄…　Ⅲ.①区域经济 - 区域差异 -
研究 - 中国　Ⅳ.①F127

中国版本图书馆 CIP 数据核字（2020）第 229906 号

责任编辑：张　蕾
责任校对：蒋子明
责任印制：王世伟

空间聚集与区域经济差异的统计测度及因素分析

庄　赟　著

经济科学出版社出版、发行　新华书店经销

社址：北京市海淀区阜成路甲 28 号　邮编：100142

编辑工作室电话：010 - 88191375　发行部电话：010 - 88191522

网址：www. esp. com. cn

电子邮箱：esp@ esp. com. cn

天猫网店：经济科学出版社旗舰店

网址：http：//jjkxcbs. tmall. com

北京季蜂印刷有限公司印装

710 × 1000　16 开　11 印张　170000 字

2020 年 11 月第 1 版　2020 年 11 月第 1 次印刷

ISBN 978 - 7 - 5218 - 2103 - 1　定价：79.00 元

（图书出现印装问题，本社负责调换。电话：010 - 88191510）

（版权所有　侵权必究　打击盗版　举报热线：010 - 88191661

QQ：2242791300　营销中心电话：010 - 88191537

电子邮箱：dbts@esp. com. cn）

序　言

　　如何实现区域经济的协调发展是我国当前亟待研究解决的重要课题。导致区域发展差异的主要原因之一是经济活动空间分布的非均衡。在现实经济社会中，可流动要素总是向聚集力较大的地区集聚，这种过程必然导致经济活动空间分布的变化，从而影响区际收入水平的差异，造成区域间经济发展的非均衡。因此，要解决好区域经济协调发展问题，就必须揭示经济活动空间聚集不断自我强化的成因和机制。

　　在传统经济理论中，经济活动空间不平衡现象发生可以用不同区域的地理位置和资源要素禀赋差异来加以解释。但传统理论很难解释具有相似甚至相同基本特征的地区为何有可能发展出差别很大的生产结构，很难解释为什么特定行业的企业倾向于彼此靠近从而导致区域专业化。保罗·克鲁格曼在 20 世纪 90 年代初提出了新经济地理学分析框架，为研究经济活动空间聚集与分散的内生动力提供了一个基本的分析框架。新经济地理学的理论模型通过权衡各种形式的报酬递增和不同类型的贸易成本之间的关系来决定经济活动的向心力和离心力的均衡状态。但是，要将这一理论分析框架真正应用于现实经济分析，还必须很好地解决如何对经济空间聚集程度及其影响开展统计测度的问题，并在此基础上，对有关理论模型进行必要的实证检验。只有这样，才能更好地把握现实经济中空间聚集的程度和决定因素以及这种集聚对经济增长的影响，从而为制定合适的区域经济协调发展政策提供更充分的参考与数量依据。

　　为此，本书着重对空间聚集的统计测度方法、区域经济运行效率的测度方法、区域经济差异的综合评价方法以及空间聚集对区域经济差异的影响等问题进行了比较系统的研究。本书的特色是理论方法研究与实证分析相结合，既系统梳理国内外采用的各种方法，分析其利弊与适用的前提条件，又利用我国的实际统计数据开展实证分析，得出一些有参考价值的结论。

　　本书作者庄赟博士，近年来主要从事经济统计和区域经济的相关研究，并作为访问学者到美国新泽西州立大学留学一年，加强与区域科学相关的空间计量经济学、区域投入产出分析等定量研究方法的学习。因业绩显著曾入选"福建省高校杰出青年科研人才培育计划"和"福建省高等学校新世纪优秀人才支持计划"，本书是她在多年研究的基础上完成的一部专著，同时也是教育部人文社会科学研究青年基金项目的资助成果。我相信本书的出版对于区域经济研究将有所推动，可以为对该研究领域感兴趣的读者提供很有价值的参考。

曾五一

2020 年 11 月

前　言

　　经济活动空间分布的非均衡是导致区域发展差异的主要原因。经济活动空间不平衡现象发生在许多地理层次上，某种程度上经济活动在空间上是趋于集中的，在传统经济理论中，这可以从地理位置如靠近河流、港口和资源要素禀赋等第一属性的特征对经济活动空间分布的影响来解释，这些特征差异使得空间本身不均衡。但传统理论很难解释在自然资源条件相近的区域经济活动聚集程度可能差别很大的现象。

　　如何理解创造整个地区之间差异的大规模聚集，这种不平等的根源是什么？随着国家和地区更加一体化，经济活动的空间分布将如何变化？经济一体化会导致空间集聚程度的提高还是降低？经济一体化背景下所有的经济活动是以相似的方式发展，还是不同的部门受不同的影响？这些都是"新经济地理学"要研究解决的主要问题，如今已发展成为空间经济学的主要分支之一。

　　保罗·克鲁格曼在 20 世纪 90 年代初建立的核心—边缘模型（core-periphery model）为新经济地理学提供了一个基本的分析框架，其目的在于解释地理空间中大量经济活动集聚形成的内生机制（或称第二天性），它说明了企业层面的规模报酬递增、运输成本和要素流动性的相互作用如何导致空间经济结构的变化。简而言之，聚集的向心力是通过前向联系（鼓励工人靠近消费品生产者）和后向联系（鼓励生产者集中在市场较大的地方）的循环因果关系产生的，如果前向联系和后向联系足够强大，能够克服不可流动要素产生的离心力，那么经济最终将形成一种核心—外围模式，即所有制造业都集中在一个地区。规模报酬递增对于解释经济活动的不均匀地理分布至关重要，新经济地理学阐明了经济活动集聚的自我强化性质，论证了几种可以产生聚集的循环累积因果机制，解释了基本条件相似甚至相同的地区因初始的历史因素导致的微小的空间不均衡可被累积的因果关系放大，并最终导致区域间的巨大差异，从而内生地分化为富裕的"核心"地区和贫穷的"边缘"地区。解释经济活动集聚的新经济地理模型同时也能解释导致经济活动分散的离心力，从而研究随着地区一体化程度的提高，企业和工人在空间上聚集的倾向如何变化。更多企业和工人聚集在一起的地区，会导致生产要素和非贸易商品价格的上升，从而造成拥挤效应，结果表明，在一体化发展到一定程度时，解释早期产业集聚的力量同样可以解释产业向欠发达地区的扩散。

对导致区域经济差异的内生机制进行经济建模正是新经济地理学的主要贡献，相对于新经济地理学的理论成就，更直接地检验这些模型与数据的契合程度尤为重要，只有理论和实证研究的相互促进才能使这一研究领域获得更快速发展。进一步的实证研究需要建立在对各种经济活动空间集聚的统计测度上，需要开发统计方法来识别经济活动空间集聚的程度；为了检验近来在经济地理学领域里建立起来的各种理论和模型，需要相应的现代计量经济学方法来开展实证研究。因此，为了更科学地考察经济活动聚集的成因和机制以及区域差异的影响因素，在经济理论定性分析的基础上，以下几个问题值得开展深入的研究。

1. 空间聚集的统计测度方法及实证研究

空间不均衡的程度主要是通过经济指标的集中度来评价，因此对空间聚集的度量是研究区域经济差异和不平等的前提。常见的评价经济活动空间聚集程度的指标主要有基尼系数和泰尔指数，此外还有新经济地理学中专门针对产业间空间聚集状况进行比较的一组指数包括艾萨德指数、赫芬达尔指数和埃利森指数等。本书将对这些指数的优点和局限性进行比较研究，运用合适的指数对中国历年来主要的经济活动如人口规模、GDP、就业人数、平均收入、三次产业或特定产业的增加值等指标的空间聚集程度进行测算，从而对中国经济区域空间不均衡的历史进程进行统计考察。

2. 区域经济运行效率的测算

区域经济差异可以分为绝对差异和相对差异，绝对差异是指区域间经济总量的差距，而相对差异则是指区域间经济生产效率的差异。效率评价可以使用投入产出比这个指标进行衡量。全要素生产率（TFP）是衡量区域经济生产效率的主要指标，是对生产过程中所有投入的效率的衡量，利用传统的柯布—道格拉斯生产函数来测量，它等于总产出除以投入的加权平均。如果我们选择一个单一的指标来衡量区域的经济产出或是把多个产出评价指标综合成一个总产出指标值，那么我们就可以利用随机前沿分析法（SFA）估计区域经济运行总产出与最优产出之比，即得出经济运行的技术效率。但区域经济运行具有多项投入和多项产出的特点，数据包络分析法（DEA）作为效率分析的一种非参数估计方法，可以较好地处理上述问题，同时可以进行技术效率的分解，找出效率不足的原因及调整方向，为提高区域经济效率提供决策依据。经济增长的内生动力更重要的是看一段时期内的生产率增长，而不是全要素生产率（TFP）的绝对值。全要素生产率（TFP）的增加通常是技术创新或改进的结果，TFP 的增长测算除了传统的索洛余值法，还包括基于谢泼德（Shephard）的距离函数和使用数据包络分析技术计算的 Malmquist TFP 指数，这是近来测量全要素生产率变化的更主要方法，在区域经济、产业部门的生产率研究中得到广泛应用。

3. 区域经济差异的综合评价分析方法

在运用多指标综合评价法进行区域经济相关发展状况评价的基础上，可以利用多元统计的因子分析方法来研究影响经济运行状况的主要因子，从而明确经济运行效率的提高路径。此外，可利用里昂惕夫（Leontief）的投入产出模型反映区域经济活动投入和产出间的数量依存关系，分析区域各部门输入对总体经济生产的效应，用于估量诸如部门需求变动之类的因素对经济产生的直接和间接作用，计算得到的产业乘数也可作为反映区域经济差异的指标之一，用于分析区域产业结构状况。

4. 空间聚集对区域经济差异的影响研究

经济活动的空间聚集导致区域不均衡的发生，但聚集本身是规模报酬递增的结果，因此衡量聚集对聚集地区的经济运行效率是否起到促进作用、起了多大的作用，则可以帮助了解平等与效率之间的关系。我们的研究思路是利用中国的区域经济数据先进行区域经济运行效率（或是经济增长水平）的测度，然后建立区域经济相关指标值和反映空间聚集程度的指数值（或是反映空间聚集的影响因素的变量）之间相互影响的动态面板数据模型，并展开实证研究。本书将对传统线性回归模型在估计由空间相关性的变量构建的模型时存在的局限性进行分析，并建立空间计量经济模型对包括空间聚集在内的中国区域经济差异的影响因素进行实证研究。根据实证研究结果结合影响效应大的变量来说明应该如何加大或促进落后地区这些变量的发展从而提高自身和周边地区的经济发展水平，才能起到缩小区域经济差异的目标。

本书正是在学习消化国内外学者研究成果的基础上，结合中国区域经济发展过程的实际情况对以上四方面内容进行完善和补充，开展"空间聚集与区域经济差异的统计测度及因素分析"这一课题研究，已取得系列公开发表研究成果。在此基础上本书进一步梳理了空间聚集与区域经济差异的测度指标以及经济运行效率（全要素生产率）的系列测算方法，并结合实证研究介绍了多指标综合评价方法、投入产出分析方法和空间计量模型等定量分析手段在区域经济差异和影响因素比较研究中的应用思路。为明确中国区域经济差异的成因和寻找区域经济运行效率的影响因素总结合适的定量研究方法，有助于在现有区域经济理论基础上为制定更有效的政策措施提供科学的实证依据，对于促进区域经济协调发展将具有实际应用价值。

作者

2020 年 10 月

目　录

第一章　绪论 ·· 1

　　第一节　研究背景 ······························· 1

　　第二节　基本概念和观点 ························· 5

　　第三节　研究内容和逻辑结构 ··················· 8

第二章　空间聚集与区域经济差异相关理论概述 ······· 15

　　第一节　经济一体化与空间聚集 ················· 15

　　第二节　空间聚集与区域经济差异 ··············· 19

　　第三节　空间聚集的影响因素及其对区域经济增长的影响机制 ··· 20

第三章　空间聚集与区域差异的统计测度 ············· 26

　　第一节　空间不平衡的度量方法概述 ············· 26

　　第二节　常用的空间聚集统计测度指标 ··········· 28

　　第三节　空间聚集指标在区域差异分析中的应用 ··· 42

第四章　区域经济运行效率的测算方法 ··············· 53

　　第一节　传统全要素生产率测算方法 ············· 53

　　第二节　基于 DEA 技术的 Malmquist 全要素生产率指数 ··········· 59

　　第三节　区域经济运行效率的实证研究 ··········· 70

第五章　多指标综合评价法在区域经济分析比较中的应用 ··········· 77

　　第一节　多指标综合评价的基本要素步骤 ········· 77

　　第二节　因子分析在综合评价中的方法应用 ················· 81

　　第三节　地区城乡一体化进程差异的因子分析 ··············· 89

第六章　投入产出分析方法在区域经济研究中的应用 ············· 100

　　第一节　投入产出基本原理方法 ························· 100

　　第二节　投入产出法在区域经济差异分析中的应用 ··········· 108

第七章　空间计量方法在区域经济差异分析中的运用 ············· 111

　　第一节　空间自相关的度量 ··························· 111

　　第二节　空间计量分析的基本方法 ····················· 122

　　第三节　空间计量模型在区域经济研究中的应用 ············· 130

第八章　研究成果与展望 ······························· 139

　　第一节　研究成果 ······························· 139

　　第二节　研究展望 ······························· 144

参考文献 ····································· 150

| 第一章 |
绪　　论

第一节　研究背景

一、选题的研究意义

改革开放推行至今，中国经济整体上获得了高速发展，但在经济快速发展的同时，也伴随着区际发展不平衡不断扩大的问题。区域经济差异是不同区域间经济发展情况的不同，反映的是经济发展水平不均等化现象，既包括区域间经济总量的差距，也包括区域间经济运行效率的差异，决定了经济增长水平和未来经济总量的差异。空间结构失衡等区域性经济社会问题会对我国的资源配置效率、发展机会公平与否产生影响，进而影响整体经济实力的提升和社会的和谐稳定。因此，促进区域空间发展均衡，缩小区域发展差距是我国面临的重大课题。经济活动空间分布的非均衡是引起区域发展差异的主要原因，因而分析区域协调发展的关键在于对经济活动空间聚集程度的研究，而如何科学测度经济活动的空间集聚程度则是研究的基础，才能结合相关经济理论开展定量研究，对经济指标的空间聚集如何影响区域经济运行效率等一系列问题进行实证分析，从而对空间聚集和区域经济不平衡的成因及机制提供实证依据，为制定更科学的促进区域经济协调发展的政策措施提供有指导意义的参考。

二、新经济地理学研究视角

1. 国外研究

空间经济不平衡现象不仅在发达国家和发展中国家之间存在，在国家内部也同样存在，这种空间经济不平衡现象也成为当代诸多争论中的核心问题。经济空间是方向相反的力量角逐的结果，有些力量使人类经济活动聚集，而有些力量促使其扩散。由 2008 年诺贝尔经济学奖获得者克鲁格曼（Paul Krugman）建立起来的以核心—边缘模型（core periphery model）为代表的新经济地理学，就是要研究这些作用力的性质及其相互作用的方式。该理论试图从规模报酬递增、运输成本和要素流动之间的相互作用中导出空间聚集现象的原因与形成机制，强调最终需求是一个聚集力，它源于收入水平的提高，它吸引更多厂商，相应的区域产品种类增加，又吸引更多的劳动力从而形成滚雪球似的聚集效应。经济活动的空间变化分布取决于多种力量的相互作用，而核心—边缘模型只考虑了一部分。皮卡尔等（Picard et al.，2005）、奥塔维亚诺等（Ottaviano et al.，2002）、田渊等（Tabuchi et al.，2002）在假设经济活动空间聚集导致拥挤成本以及消费者的迁移行为是异质的等条件基础上，把贸易运输成本和空间聚集之间的单调关系转变成钟状曲线，并得出重要结论：（1）在经济一体化的初始阶段，随着贸易成本的下降，核心—边缘模型强调的聚集趋势仍在发挥作用，在这种情况下经济一体化可能导致更大的区际差距，在这一阶段可能存在效率与空间平等之间的矛盾；（2）如果经济一体化达到足够高的水平，即超出某临界值，则与规模经济有关的区际效用差异将缩小，而这些降低区际差异的力量将成为主导力量并有利于经济活动的重新布局，使得边缘区重新受益；（3）最后，皮埃尔—菲利普（2011）指出，如果有可能实现完全的经济一体化，两个区域的劳动力成本和价格指数相等，区际差异完全消失，两个区域的福利水平相等。

国外已有不少学者应用相关理论对欧盟和美国的国家及区域间的空间经济数据展开实证研究，如佛西里德等（Forslid et al.，2002）利用四个欧洲区域每个部门的生产份额分布的标准差作为衡量空间聚集度的简易指数，研究了该指数如何随贸易成本的变化而变化，结果显示规模收益最高的四个部门包括金属制品制造业、化学工业、运输设备制造业和机械制造业都显示出贸易成本与空间聚集之间关系存在钟状曲线关系。应该说规模报酬递增和贸易成本之间的权衡关系是新经济地理的基础，并始终强调关联效应对空间聚集的作用。

2. 国内研究

这些年来新经济地理以其新的视角和方法也吸引了国内经济学者对空间经济学的研究兴趣。张继良等（2009）基于空间经济学相关理论，运用计量模型分析造成城市发展差异变化的原因。张润君和潘文卿等（2011）以中国1997年与2007年8个区域17个产业部门的区域间投入产出表为基础，通过前后向关联考察了中国区域经济空间关联的动态变化特征。梁琦等（2013）在融入企业异质性的空间经济学理论框架下，采用中国工业企业数据库微观数据，运用分位数回归的方法，检验异质性企业的空间选择与产业集聚效应对地区（企业）生产率差距的影响程度，结果表明：异质性企业的定位选择行为在中国显著存在，并且是影响地区（企业）生产率差距的另一重要的微观机制；在中国，地区产业集聚并没有对本地企业生产率产生正向影响，即集聚效应并不明显。

上述国内外研究成果无疑对本书研究内容具有重要的理论参考价值，本书将在总结研究国内外学者研究成果的基础上，研究如何利用统计手段和计量方法更科学地测度和考察经济活动聚集的成因和机制以及区域差异的影响因素，为明确中国区域经济差异的来源、寻找提高区域经济运行效率的影响因素提供定量研究的方法和思路。

三、区域收入分布的空间相关性

经济地理学独特的新元素，就是对所有区位而言，近者的影响大于远者。对区域收入趋同（regional income convergence）的问题引起了研究人员极大关注，在大量实证分析中发现人均 GDP 分布图一个显著的特征是区域的富有程度显示出空间相关性，即那些接近富有地区的地区不可能是很贫穷的地区，这种现象在一国内部和国家之间都存在，这表明存在经济发展的空间扩散现象，特定区域内收入趋同的特征，是经济地理学理论涉及的导致区域间经济发展差异的根源问题之一。区域收入趋同的研究可以看作是主流经济学家越来越认识到空间在经济分析中的重要性的一个例子。雷伊（Rey，2001）研究了 1929～1994 年美国 48 个州的地区收入动态变化，报告指出，这一时期每年各州的收入分布呈现出高度的空间自相关，美国东南部低收入地区有一个庞大的区域聚集群，而东北部呈现较富裕的州聚集的现象。他们进一步利用空间马尔可夫矩阵研究得出结论，各州在收入分配范围内的移动在空间上是自相关的，更具体地说，一个州在收入分配地位中的转型方向与其相邻州的相对收入之间的关系高度相关。研究测算结果表明，收入上升或下降的可能性取决于区域背景，如果一个州周围的州平均来说都比较富裕，那么这个州进入更高收入阶层的概率是被低收入州包围的州的向上流动概率的四倍左右，相反，邻居较穷的州的收入下降概率是邻居较富裕州的两倍多。通过对这些移动进行更正式的空间分析结果表明，在地区收入分配的向上转型中，有很强的空间自相关证据表明这些州的收入转变在空间上是高度自相关的。

如内坎普等（Nijkamp et al.，1998）所指出的，有必要在空间背景下对经济增长的本质进行更多的理论和实证研究。诚然，在实证调查的计量分析中，认识到地理空间因素对区域收入增长模式的重要性，是处理空间效应的必要条件，但并非充分条件，需要使用恰当的研究方法才能在空间效应条件下正确实研究经济增长的影响因素。

第二节 基本概念和观点

一、经济增长与趋同（convergence）

在研究的起点，开始时贫穷的经济体是否会比开始时富裕的经济体增长更快，如果是这样，那么贫穷地区经济体将最终赶上富裕地区的经济体，这种"赶超"的性质被称为趋同，如果没有趋同，开始时落后的国家或地区将保持贫穷。趋同被视为一段时间内各地区人均收入差异的减少，通常通过区域收入分配的标准差来衡量，这也是学术文献中关于趋同的最古老的概念和衡量方法。尽管直觉上很易于理解，但利用标准差的收入趋同衡量方法并不能提供关于可能推动地区收入缩小（或扩大）的过程的洞察，没有提供关于各个经济体在收入分配范围内的相对移动的资料，同时，区域收入的基本地域分布也被忽略。

雷伊（Rey，2001）提出了一套新的研究区域收入动态变化的实证方法。基于在局部空间统计和马尔可夫链建模方面的最新发展的综合，通过考虑单个经济体及其地理相邻地区在收入分配中的转型，提供了区域收入分配时空演化的详细视图，这些研究手段对区域背景在形成区域收入分配演变过程中的作用能产生深刻的见解。研究结果表明，至少在美国，地理位置确实对地区收入分配的演变有影响。研究发现，在同一收入分布中，各州的向上和向下流动概率对相邻各州在收入分配中的相对位置非常敏感。这可能会产生一些重要的政策影响，因为它表明，如果一个政府关注消除地区差异，政策的边际效果可能在邻近富裕地区的贫困地区最为明显，而不是在被其他贫困地区包围的贫困地区。然而，在后一种情况下，由于区域收入的黏性（由于周边地区收入水平低导致更低的收入上升概率），对政策援助的需求则会更大。

二、空间集聚与区域经济效率

在经济发展过程中，空间和时间本质上是混合的，空间聚集和经济增长都是复杂的现象，研究二者的相互作用是一项艰巨的任务。传统的经济增长理论认为，产业的空间集聚与区域经济增长之间主要是通过自然资源、气候条件、地理位置的优劣性等条件相互作用，但传统的经济增长理论并不能很好地解释如"在自然条件并不具有一定优势的区域能够成为集聚中心""在自然资源条件相近的区域的集聚程度完全不同"等这类情况（于铭，2007）。在大多数新经济地理模型中，假定不同区位所在空间是匀质的，因此，聚集的位置是由历史和循环累积过程的内生机制（即第二天性）决定的，可以较好地解释空间集聚与区域经济运行效率之间的作用关系。

经济距离对于空间集聚起着不可替代的作用且通常在空间集聚形成的过程中会被优先考虑。所谓经济距离即用时间、运费以及信息交换便利程度来衡量的贸易成本。交通线路密集度对于节约企业成本、提高企业运作效率等具有关键作用，对区域经济增长具有巨大的基础设施支撑作用。同时，交通线路密集度受区域经济增长率的影响，经济增长越快的区域，其交通发达程度越高，交通越便捷，越利于空间集聚的形成，在一定程度的集聚过程中，区域经济增长率越高。互联网信息技术通过改变经济活动的时空范围，缩小地理空间距离，有利于各个不同区域加强信息交流，产生联动趋势，推进产业结构、运行方式等的转变，加快企业决策的速度和对市场反应的速度，降低企业进行交易的信息成本等，从而推动区域间的经济合作方式的转变，提高区域经济效率。

区域经济效率是指某一区域运用一定的经济成本，能够获取的经济收益。区域经济效率的大小由投入和产出两方面决定。根据柯布—道格拉斯的投入—产出模型，该模型中投入主要考虑劳动力和资本投入。不少研究表明，人力资本和知识资本均具有溢出效应，可以辐射带动周边。新经济地理学基于与新增长理论相同的垄断竞争基本框架，将克鲁格曼的核心—外围模型与内生增长模型相结合，在新经济地理学动态框架中添加一个研发部门来研究聚集对经济增长的影响。研发部门使用技术工人为现代产业部门创造新品种，创新活动涉及技术工人之间的知识溢出或外部性，这种外部性在同一地区比在不同地区发生得更强烈。因此，一个地区技术工人的聚集越多，该地区研发部门技术工人的生产率就越高，从而可能导致由聚集刺激产生的额外增长。也就是说，当经济从分散转向聚集时，创新将以更快的速度进行。因此，只要集聚所引发的增长效应足够强大，即便是那些处在核心—外围模型中外围的地区，也会受到核心区聚集带来的创新效率提高的影响，进而进一步促进产业结构升级变化，产生更高的生产效率。

三、区域经济发展差异的影响因素

关于区域经济差异的影响因素，诸多学者不仅在现象方面做了解释，也在理论方面做了研究。佩鲁的增长极理论、缪尔达尔的二元结构理论、弗里德曼的中心—外围理论、威廉姆逊提出的发展阶段与区域差异之间存在的倒 U 形关系假说和波特的比较优势理论等经典的区域非均衡发展理论也一直是国内外学者研究区域经济差异的主要理论基础。根据新经济地理学理论模型，经济一体化通过影响分散和聚集力之间的平衡，可以决定性地影响经济活动的空间位置。高昂的贸易成本促使企业在不同地区落户。随着贸易成本逐渐降低，对自给自足的激励减弱，经济外部性占据了主导地位，企业和工人聚集在一起。然而，在发生集聚的地方，当地生产要素和商品的价格往往会上升。如果大多数要素和商品可流动，随着经济一体化程度的提高，贸易成本足够低，那么本地要素价格的上涨只会通过吸引劳动力迁入，进一步推动集聚。如果出现一些对生产特别重要的流动性低的要素（如劳动力），或对消费特别重要的非贸易商品（如住房），随着进一步一体化则会降低经济外部性的重要性，不可流动商品和要素价格地区差异的重要性就会取而代之，为了降低生产成本，企业从工业集聚核心区迁移到工资较低的边缘地区，因此，在区域一体化过程中，区域不平等也会先上升后下降。

很多研究也从对区域经济差异产生影响的因素方面进行实证探讨。王小鲁和樊纲（2004）在对中国地区差距的变动趋势和影响因素的研究中发现，资本、人力资本和劳动力在各地区间的流动和配置状况、制度变革（主要是市场化进程）在各地区间的差异、结构变动（城市化是最主要的因素）对地区经济差距产生了各种影响。李妍、赵蕾等（2015）研究指出基础设施投资的空间分布是造成我国区域经济增长差异的原因。还有哪些因素是影响经济活动空间集聚的因素，也是值得研究探讨的问题。此外，所有不同层次、不同类型的经济集聚都嵌入到一个更大的经济体中，共同形成了一个复杂的系统，理解所有这些现象对于制定相关的城市或区域发展政策至关重要。

本书将在第二章就相关理论和观点作进一步的阐述。

第三节　研究内容和逻辑结构

一、空间聚集和区域经济差异的测度方法

对于空间聚集、区域经济差异和区域经济效率的定量分析有单指标测

度法和多指标测度法。单指标测度方法只能描绘出单一社会经济指标上的差异，多指标测度则可以从多个方面综合反映区域经济发展的全貌，常用的多指标综合评价法有因子分析法等，通过一定的多元统计方法对多个指标进行综合并计算综合得分进行评价，可以对区域经济进行比较排序并对差异产生的原因进行分析。

1. 空间聚集和区域差异的单指标测度

长期以来，对不平等的度量一直是学术界研究的热点，学者们试图通过收入水平或者经济活动的集中度来评价不平等状况。空间聚集和不均衡的程度主要是通过经济指标的集中度（集中程度越高区域差异越大）来评价，常见的单指标差异测度方法有衡量绝对差异的标准差和衡量相对差异的基尼系数、泰尔指数、洛伦兹曲线等，如刘长平等（2012）通过选取人均 GDP 社会经济指标，以省际单元为对象，通过计算其标准差、极差、变异系数、加权变异系数、基尼系数、泰尔指数等差异测度指标，对我国 1978 ~ 2008 年的经济发展不平衡性进行了动态时序分析，定量描述了近 30 年来我国区域经济发展的差异程度和演化过程。其中基尼系数和泰尔指数是最常见的评价经济活动空间聚集程度的指标，这两种方法是收入分配不平等最流行的度量方法，在区域经济差异分析方面运用最为广泛。泰尔指数等于 0 就意味着经济活动的空间分布很均匀，当所有活动都集中在一个地区时，该指数达到最高值，该指数越大，空间聚集强度越大。还可以利用泰尔指数的性质衡量人口分布等社会经济发展指标的空间分布不均的演变过程。此外还有新经济地理学中专门针对产业间空间聚集状况进行比较的一组指数，包括艾萨德指数、赫芬达尔指数和埃利森指数等。

本书将在第三章就这些测度方法进行介绍和比较，并通过对中国历年来主要经济活动指标的空间聚集程度进行科学的测算，对中国经济区域空间不均衡的历史进程进行统计考察。

2. 区域经济生产效率的测度

进行经济效率的测度，是区域经济差异比较的重要方面，因为生产率是经济增长的源泉，分析产出增长率的来源可以提高经济增长水平。我们把生产要素（资本和劳动）和生产技术确定为经济总产出的源泉，这样不同时期和不同国家的收入差别必然产生于资本、劳动和技术的差别。为了描述为什么国民收入在增长，以及为什么一些国家或地区的增长比其他地区快，必须描述经济如何随时间推移发生变化。索洛增长模型说明资本、劳动和技术进步如何在一个经济中相互作用以及如何影响一个经济的产出水平及其随着时间的增长。除了索洛余值法、当前学界对全要素生产率的测算方法还包括数包络分析法（DEA）、随机前沿分析法和指数法。

本书将在第四章介绍基于规模收益不变的索洛模型计算全要素生产率增长速度的测算方法，以此比较经济可持续增长的源泉，在此基础上介绍基于非参数估计的 DEA-ML 指数模型，进一步将全要素生产率增长分解为技术效率变化和技术进步两种因素作用的结果，进一步了解经济效率不足的原因及明确调整方向。

3. 多指标区域经济差异的评价方法

利用基尼系数、泰尔指数等方法测度空间聚集程度只适用于反应区域经济在某个单项经济指标上的空间差异，事实上社会经济发展水平是多维度的，我们所关心的区域经济某个特定问题可能需要从多个方面进行衡量，需要借助多指标综合评价方法才能对相关区域经济问题进行全面的分析评价。

本书将在第五章介绍多指标综合评价方法的基本要素和进行区域经济问题多指标综合排序评价的一般步骤。

二、区域经济差异影响因素分析的定量研究方法

1. 因子分析法

在运用多指标综合评价法进行区域经济相关发展状况评价的基础上，

可以进一步利用多元统计的因子分析方法来研究影响经济运行状况的主要因子，从而明确经济运行效率的提高路径。因子分析（factor analysis）就是用少数几个因子来描述多指标或因素之间的联系，以较少的几个因子来反映原始数据的大部分信息的统计学分析方法。从数学角度来看，因子分析是一种化繁为简的降维处理技术，它将关系比较密切的几个变量归在同一类中，每一类变量就成为一个因子。公共因子是不可直接观测但又客观存在的共同影响因素，其基本原理是利用原始数据之间相关性的大小，以此来描述指标或因素之间的联系。通过降维的方法把相关性高的变量集中在一起，降低分析变量的数目和问题的复杂性。此外，因子分析方法也是客观赋权法的一种方法，能够根据各评价指标包含信息量的多少来确定指标的权重，避免了人为确定指标权重的主观影响。

本书第五章将构建地区技术创新能力和地区城乡一体化水平的多指标综合评价体系，以此为例说明因子分析在区域经济差异比较及其影响因素分析中的应用。

2. 投入产出法

提到投入产出法，我们经常会提到里昂惕夫（Leontief）模型，投入产出分析正是瓦西里·里昂惕夫（Wassily Leontief）在 20 世纪 30 年代末开发的一种分析框架。投入产出框架的基本目的是分析一个经济中产业的相互依赖性，里昂惕夫提出的基本概念是许多类型的经济分析的关键组成部分，事实上，投入产出分析是经济学中应用最广泛的方法之一（Miller and Blair, 2009）。投入产出模型最基本的形式是由一个线性方程组组成的，每个方程组描述了一个行业产品在整个经济中的分布。对基本投入产出框架的大多数扩展是为了纳入经济活动的额外细节，或将投入产出模型与其他类型的经济分析工具联系起来。一组工业在生产自己的产品的过程中既生产产品（产出）又消费来自其他工业的产品（投入），考虑的行业数量可能从几个到数百甚至数千个不等，基本上里昂惕夫投入产出模型一般是根据特定地理区域（国家、省份、县市等）的经济数据来构建的，高速计算机的广泛使用使里昂惕夫的投入产出分析成为一个广泛应用和有用的工具，可用于估量诸如需求变动之类的事件对经济产生的直接和间接作用，分析过程中计算得到的产业乘数也可作为反映区域经济差异的指标之一，可用于在许多地理层面如本地区、区域、国家、甚至国际经济分析中。

本书将在第六章介绍投入产出的基本原理和方法模型，并通过虚拟场景下的应用举例来说明投入产出法在区域经济差异影响因素效应分析中的应用。

3. 空间计量分析方法

区域科学的前提是地理位置和距离是影响人类地理和市场活动的重要力量。该理论依赖于空间相互作用、关联、位置层次和空间溢出的概念。遗漏变量是区域经济实证研究中常遇到的问题，例如，研究区域经济增长的空间计量模型里包括被认为影响区域经济增长的反映区域特征的因素作为解释变量，来分析这些因素对经济增长的影响。但是有些影响经济增长且与已有解释变量相关的影响变量可能无法观测，同时又存在空间相关性，如技术创新与资本、劳动力不无关系，同时又存在空间溢出效应，但技术创新水平很难准确地衡量被纳入模型中，简单地用 OLS 估计线性回归模型就会产生遗漏变量偏误从而影响我们对资本、劳动等因素对经济增长的影响效应的正确推断。詹姆斯（James，2009）推导了当模型误差项存在空间相关性同时遗漏的潜在变量也存在空间相关性并且与解释变量相关时，用 OLS 对模型进行估计产生偏误的表达式，公式表明，当模型的解释变量本身存在空间相关性时，会加剧通常用 OLS 对空间误差模型进行估计时产生的遗漏变量偏误。

如上所述，利用空间经济数据研究经济变量的关系时，由于测量误差导致的空间相关性或真正的经济活动之间的空间依赖和空间异质性的出现，将违背传统计量经济模型的适用假定。空间异质性使得变量间的关系随着空间的转换而变化，不再是高斯马尔科夫条件下样本数据间不变的线性关系，OLS 估计量是有偏不一致的，相应的统计推断很可能不正确，需要空间计量模型来刻画这种变化。安瑟兰（Anselin，1988）提出了一系列处理空间样本数据的方法构建空间计量模型。

本书将在第七章介绍空间相关分析的基本方法和空间计量的基本模型，并利用空间自回归模型（SAR）对中国区域经济（不含港澳台地区）差异的影响因素进行实证研究。

三、本书的构架结构

综上，本书研究内容的逻辑结构如图 1-1 所示。具体包括以下章节。

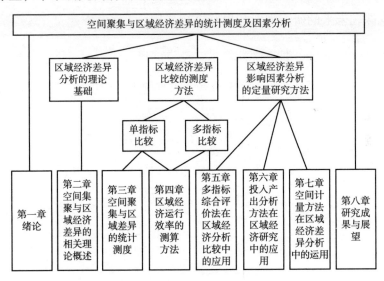

图 1-1 本书研究内容的逻辑结构

第一章绪论介绍本书的研究背景和应用价值以及相关研究内容。

第二章是本书开展区域经济差异分析的理论基础。

第三章和第四章是区域经济差异比较的测度方法，包括空间聚集和区域差异的单指标度量及区域经济效率的单指标测算比较方法，第四章同时也介绍了基于数据包络分析（DEA）的多投入多产出经济运行效率的测度方法。

第五章的研究内容包括区域经济发展水平的综合比较方法，同时可利用多指标综合评价方法来进行区域经济差异的影响因素分析。

第六章和第七章介绍了利用投入产出模型和空间计量模型进行区域经济影响因素分析的定量研究方法。

第八章为已取得的研究成果和进一步开展研究的方向和思路。近年来，根据本书选题的研究目标，本书作者利用本书介绍的研究方法如多元统计的主成分分析和因子分析方法、泰尔指数法以及经济运行效率测算方法对全国范围内和地区性的经济发展问题进行了比较和差异分析，并取得了系列公开发表的研究成果，将在第八章总结所研究的基本结论和观点，并就本课题未来的研究方向与思路进行展望。

| 第二章 |

空间聚集与区域经济差异相关理论概述

第一节　经济一体化与空间聚集

一、经济一体化相关概念

从 20 世纪 90 年代起人们就对经济一体化这个概念有了不少的讨论，但却难以达成一种统一的定义。确实，"一体化"有着广义的范围、多种的模式。国内外学者对此都各自有一定的见解。最早提出这一概念的丁伯根（Jan Tinbergen）认为：区域经济一体化区分为消极一体化和积极一体化：前者指"取消各种规章制度"，即消除对有关各国的物质、资金和人员流动的障碍；后者系指建立新的规章制度去纠正自由市场的错误信号，去强化自由市场正确信号的效果，从而加强自由市场的一体化力量（姬广坡，1999）。而孟庆民（2001）把区域经济一体化定义为：不同的空间经济主体之间为了生产、消费、贸易等利益的获取，产生的市场一体化的过程，包括从产品市场、生产要素（劳动力、资本、技术、信息等）市场到经济政策统一的逐步演化。区域经济一体化是状态与过程、手段与目的的统一。不同的区域背景（经济、社会、文化等）、区域经济一体化模式与演化进程具有不同的规律。然而，促成区域经济一体化的动力机制，即区域经济一体化过程最一般的经济规律是统一的。由此可见，区域经济一体化主要是指在全球化经济趋势下，地理邻近的两个或两个以上的国家或地区，为得到区域利益不断进行帕累托改进，制定可以共同遵守的贸易政策，形成一个生产要素和商品可以自由流动、资源合理配置、区际合理分工与贸易的经济区域整合过程。其中，市场一体化是区域经济一体化中一个重要的方面，因为它为生产要素合理自由流动和优化配置提供了有力保证，进一步使要素不断集聚，推动一体化进程。

从上述关于经济一体化的概念出发，可以看出经济一体化会使各个经济主体产生各种联系，导致资源要素的重新优化配置，使要素在一定区域上发生聚集与扩散，给地区带来集聚效应，进而形成空间聚集。

二、空间聚集

空间聚集主要是指经济活动由于成本效应的作用而产生的区域集中的过程。经济活动的空间演化过程伴随规模收益递增的特征随着交易成本而变化。经济发展初期，运输成本的高昂使接近自然资源成了主要的区位要素，同时经济活动和人口的集中仍是提高生产效率的主要因素，使得经济增长达到在人口分散条件下无法达到的水平，规模收益递增创造更多的商品和就业机会，进一步吸引厂商和家庭靠拢，这就是存在经济聚集区的主要原因。经济活动的空间聚集因某种经济性因素产生，之后继续集聚并不断强化。空间聚集包含两种效应：内部效应和外部效应。内部效应通常只存在于企业内部，形成规模经济；外部效应通常形成于社会上各经济主体之间，会对区域间的经济产生积极和消极的作用。外部经济性，即积极的外部效应，是外部效应中的一种，它是由市场分工导致的企业的私人成本低于社会成本，私人收益高于社会收益，从而产生了一种额外经济利润的经济现象。分工会产生一批具有外部经济性的产业，如具有差异性产品的产业、有关联性的产业。这些具有外部性的产业会以其专有的外部性引起聚集，之后便如此循环下去。

从根本而言，经济活动的空间聚集现象，是受集聚带来的外部经济及规模报酬递增影响的。这种外部经济包括地方化的劳动力市场、专业化的投入产品、人力资本积累以及面对面交流的积累引发的知识外溢。经济活动的空间聚集同时是导致区域经济差异产生的重要原因。富裕地区的空间集聚和经济增长率会随着企业的集中而增加，空间集聚有利于促进经济增长，这一内生性关系对富裕和落后地区都产生了积极影响（Martin，2001）。空间聚集对经济增长的促进作用随着城市规模的扩大而增强，但空间聚集带来的拥挤成本快速上升，抵消了集聚产生的规模经济，使经济活动朝着空间分散的方向发展。

三、区域经济一体化与空间聚集的关系

区域经济一体化是空间聚集的一个关键性方面。一体化过程可以形成更大的市场、更多的经济分工与合作范围，使经济主体产生更多的经济联系。由于一体化过程中间导致的贸易成本的下降或规模收益递增不断加强，资本、劳动力等可流动要素向聚集力较大地区聚集，企业可以在这一地区集中生产产品并运送到其他地区，此时进一步导致产业集聚、城市化过程加剧，而这种聚集过程将自行维持并不断自我强化，直到一个区域拥有大部分工业劳动力和企业，从而成为核心区，而另一个区域失去大部分工业劳动力和企业沦落为边缘区为止。这个聚集过程意味着，在这种核心区和边缘区两个不同的块状体之间必然存在一种非均衡力，且这种非均衡力表现为一种聚集力。这样，我们要了解经济活动空间聚集的内在机制的关键在于要解释聚集力的源泉。这种非均衡力就是我们较为熟悉的"市场接近效应""生活成本效应""市场拥挤效应"相对应的

三种力量之集合。前两种力量会产生聚集力，最后一种力量会产生分散力。经济空间中的聚集和分散这两种作用方向相反的力量一直存在于区域经济发展过程中，它们相互作用，不断变化，那么，空间经济呈现聚集状态还是分散状态取决于这两种力量的综合作用。正如一些学者研究发现的那样，经济一体化对空间聚集的影响是上述两种力量综合作用的结果。

随着交通基础设施和通信技术的进步，运输和交易成本的降低缩小了经济距离提高了区域经济一体化程度，使人口和经济活动的集中更加容易，根据比较优势模型，降低交易成本，即提高市场一体化程度，就提高各国的专业程度以及各部门的空间聚集程度，相对于经济地理学模型，这个关系是单调的，认为市场一体化程度越高，聚集度就越高。而经济地理学的大量研究表明，经济活动的空间演化过程可以用钟状曲线模型来描述：即在达到钟形曲线的顶点之前，提高经济一体化程度，将提高空间聚集度，然后一体化程度的进一步提高将逐渐降低空间聚集的程度，即曲线的斜率降低，当经济已经达到了很高的一体化程度，贸易成本的任意下降只能导致轻微的空间聚集（随着一体化程度提高，聚集增加幅度减小，渐渐达到曲线顶端），普格（Puga, D, 1999）的研究显示，一旦贸易成本下降到某一临界值以下，聚集达到一定的程度，此时经济高密度区的拥挤度提高了，持续的一体化可能导致经济活动的重新配置，贸易成本的继续下降将产生分散力，导致经济活动向周边分散，因此很低的贸易成本将导致更加均衡的空间模式。梁琦（2004）的研究也发现区域经济一体化并不必然导致中心和外围的结果，如果一体化地区产业之间的垂直关联度很强，而且企业之间进行贸易的成本真实存在，那么经济一体化就可能引起产业在空间上集聚发展；如果产业之间的垂直关联度很小，而且企业间贸易的成本几乎不存在，那么经济一体化企业布局重点考虑要素价格，会根据要素价格差异形成分散布局。

第二节　空间聚集与区域经济差异

大量的经济活动聚集在一个地理区域中形成了城市，空间聚集现象的产生与城市化和核心区域有着不可分割的联系。当经济活动在某一核心空间聚集时，就形成了核心—边缘模型（由克鲁格曼提出）。核心—边缘理论表明，经济增长对两个区域来说是完全不同的，如果以企业数量和实际工资来衡量经济增长的话，（从整体和局部来分析）核心区域会随着一体化程度的提高出现经济增长（企业数量增加），同时核心区际工资也会提高，实际工资的提高主要有两个途径：一是由于运输成本的下降，消费其他区域的产品的价格的下降而导致的实际收入的提高；二是由于核心区域企业数量的增加，消费者消费其他区域产品的种类减少而导致的价格指数下降，从而使实际工资提高。而边缘区域则会发生经济衰退（企业数量减少），同时由于消费外地产品种类和数量的增加，实际收入将会下降。在这个经济发展过程中也带来了区域经济差距的变化，在运输成本从无穷大降低到零的过程中，两区域消费者的实际收入差距会呈现出先增加后减少的倒 U 形趋势。

运输成本和通信成本的下降，通过商品在空间上的大范围配置，可以促进经济和社会发展，但实际上商品在空间上的配置仍是很不平衡的。皮埃尔－菲利普（2011）指出 19 世纪欧洲经济发展所展示的特征是自相矛盾的：与商品配置相关的各种成本的下降，没能导致地区间经济的共同繁荣，相反，与距离有关的成本的下降，进一步增强了经济空间的极化过程，也就是说，因通信和运输成本的下降而出现的本地化的经济增长过程只能出现在一些特定区域，且很少把这些增长势头传递给其他区域，因此就加大了区际经济发展差异。产业革命带来了欧洲国家普遍的经济发展，但不同国家受到的影响不一样，英国作为当时最发达的国家，运输成本降低带来的经济一体化使距离经济中心——英国的远近直接影响了欧洲各国的经济增长率，导致国家之间出现相当大的收入水平差距，经济发展水平的区域差异逐渐变大。因此，在经济一体化的初始阶段，随着经济活动向某一区域聚集，将导致该区域经济总量和收入水平的大幅提升，从而导致区域经济差异的出现，随着聚集程度的提高，区际差异将进一步扩大。

如上所述，经济主体为了寻求利润最大化来选择合适区位，从而趋向市场规模较大区域，进而在该区域产生空间聚集现象，而空间聚集促使区域经济产生差异，主要体现在对区域经济增长差异的影响这一方面。要素的空间聚集推动市场的扩大、产业的集聚、区域组织结构等的变动，进而促进区域经济向前发展，导致不同区域增长率也存在着差异。李志刚等（2006）以我国省际专利数据为创新产出指标，研究了创新产出的空间分布特征，结果显示：我国创新产出的不平衡逐渐加剧，并呈现出在少数省区市集聚的现象，进而表明区域创新水平的集聚会导致区域经济增长的显著差异。覃成林等（2012）认为某个区域的经济增长会受益于邻居区域经济增长条件的改善，并且空间外溢有可能增加或创造新的市场机会，反过来引导经济活动在空间上集聚，增加区域的空间聚集优势，进一步提升区域的经济增长潜力。正如章元和刘修岩（2008）指出：经济活动的空间聚集差异是决定不同国家或地区经济增长和劳动生产率差异的一个重要因素，而经济增长的差异也同时是影响产业空间聚集的一个重要因素，空间聚集和经济增长在本质上是一个互相影响的内生化过程。

第三节　空间聚集的影响因素及其对区域 经济增长的影响机制

影响产业空间集聚的因素多而广泛，最新的研究文献中，学者们分别从宏观和微观层面分析了产业空间集聚的多个影响因素，如赵星、王林辉（2020）探究了创新空间及积聚的影响因素；陈方（2020）对长三角地区生产性服务业的集聚因素进行了研究；张志斌、公维民、张怀林等（2019）中研究了兰州市生产性服务业的空间集聚及其影响因素；邓生权（2019）开展关于江苏省县域工业集聚的空间效应及影响因素研究；周欣（2019）进行了关于长江上游地区工业生态集聚及其影响因素的研究；武崇阳（2019）就关于医药制造业产业集聚及其影响因素展开了研究；董哲铭（2019）关于中国大数据产业空间集聚做了研究等等。总结学者们对产业空间集聚的影响因素，不少影响因素存在一定的交叉重叠或者相关性，归纳起来主要为以下几个方面：资源禀赋、要素投入、期初条件、基础设施、产业结构、贸易水平及开放程度、互联网信息技术水平、制度因素等。下面分别分析这几个空间集聚的影响因素及其对区域经济增长的作用。

一、地理区位

地理区位往往决定了该区域现存的要素禀赋，如区域自然资源、劳动力以及科技等要素禀赋的密集度，区域要素禀赋密集度往往在很大程度上直接决定了其当前的产业空间集聚状况。资源密集型空间集聚如油田所在地等；劳动力决定的空间集聚如各地区服装纺织加工厂、食品加工厂等；科技密集型如华为总部、阿里中心等极具代表性的企业所在地；从地理区位的角度上、以要素禀赋密集度为主要区分标准，可以为空间集聚在以自然资源、劳动力和科技等具体影响因素为中心的区域提供较好的思路。区位的地理位置和自然条件会给产业类型、结构和布局带来不同的影响，区位优势会促进区域经济增长，提高经济效率。

二、要素投入

最主要的投入要素是资本和劳动。资本的流动会扩大区域经济差异。物质资本的投入结构会影响区域经济增长。对劳动者进行职业教育和培训，可以创造更多的产出，从而促进区域经济效率的提高。个人教育的投入决定了知识存量和人力资本的质量，从而提高个人的劳动生产率，进一步带动周围人的劳动生产率，并产生知识溢出，因此促进区域经济增长。土地投入要素的利用率影响土地投入要素的产出率，进一步影响产业规模、市场规模以及经济增长效率。作为长期中经济增长的真正动力——技术投入，它投入越多，则经济增长越多。研发投入是经济增长过程的重中之重，严成樑等（2013）考察了研发投入规模和结构与地区经济增长间的关系，发现研发投入量与地区经济增长率正相关，在对研发投入结构分析后，进一步指出基础研究的投入越多，地区经济增长越快。一个区域对于科技的投入往往决定了该区域的科技建设、科学技术水平，以及对科技人才的吸引力，"科技投入—科技水平—科技人才"会形成一个良性的三角内循环，给需要科技支持的产业的空间集聚提供了核心发展力量。

三、基础设施水平

基础设施水平往往能较为全面地反映区域的面貌。交通网格的复杂程度、基本医疗设施水平以及满足日常生活需求的相应设施等，是构成区域完整日常生活的重要元素。交通是一个区域必不可少的区域建设之一，也会成为产业空间集聚优先考虑的因素之一。基础设施越发达，越能对区域经济效率产生积极的影响。基础设施建设的过程中需要大量的资金和人力，能够直接拉动区域经济的增长。基础设施建设会改变所在区域的可达性和吸引力，提升该区域的区位优势，吸引其他区域的要素向本区域集聚，也会降低企业和家庭的运输成本，推动发达地区的要素向落后地区扩散。其中交通基础设施建设能够有效扩大市场规模和提高市场竞争程度。张光南等（2013）发现交通基础设施建设对于生产效率的提升有较为明显的促进作用。交通基础设施建设减少了经济要素流动的距离障碍，降低了运输成本，促进了企业之间的竞争，并提高区域经济效率。

四、对外开放水平

只有坚持"走出去"和"引进来"相结合，区域才能在全国甚至国际范围相互取长补短，不断地与时俱进，这样才能为各产业、各行业创造各种机遇，区域或国家的对外开放水平一般用外商投资、年进口贸易总额或者年出口贸易总额等指标来衡量，产业空间集聚往往伴随着这些指标数值大小的变化而发生集聚水平高低的变化。贸易水平越高和对外开放程度越高，越能促进经济增长。经济开放程度的提高带来了外商的投资，外资企业不但带来了资金，而且带来了生产管理经验和先进的技术水平，还会产生技术溢出效应，进而提高国内劳动生产率，促进国内资源的优化配置或新技术的产生等，促进经济增长率的提高和技术进步。

五、制度因素

市场不断发展过程中，同时存在着"无形的手"和"有形的手"，"无形的手"即市场自我调节，而"有形的手"即政府干预市场。政策在区域产业发展过程中往往具有很强的方向引导作用，因此，区域干预过程在产业的空间集聚方面发挥着不可忽略和可替代的主观能动性。制度因素是影响区域经济效率的重要因素。经济中只有存在合理有效的制度和市场机制，资源才能进行合理配置并较自由地流动，并使经济效率得到有效提升。汪峰等（2006）检验了制度因素是造成我国地区间经济差异的重要原因。其中，政府的政策也包含在制度因素里面。区域政策具有显著的空间指向性，针对的是在某个方面有突出问题的区域，其能够起到矫正市场失灵的作用。政府在一些情况下（如市场失灵）对经济进行干预，以防止经济出现较大波动，但干预过多也会导致市场经济效率下降。因此，政府要适当地实施各种经济政策，使这些政策能够起到充分合理的作用以促进区域经济效率的提升。

六、期初条件和空间相关性

除了上述影响空间聚集的主要影响因素外，期初的条件和地理空间相关性也会促进经济活动的空间聚集从而导致区域经济差异。普遍认为，区域经济的期初发展条件越好，区域经济的增长和效率的提升越快，反之则相反。区域期初发展条件可能会受到当时历史因素及其当时政府政策等的影响，给该区域带去更好的产业、劳动、资本等。我国大部分地区都以高—高和低—低的聚集为主，高—高聚集区主要位于中心区域，低—低聚集区主要位于边缘区域，这反映了区域经济发展水平存在空间相关性，正如孙亚男等（2016）分析了我国区域经济差异与空间相关性的关系，认为经济发展的空间相关性对区际经济差异具有显著影响。缪尔达尔提出的"循环累积因果"理论，其认为：某区域经济的偶然发展使得该区域有初始资本的积累，通过"回波效应"不断强化；而相对落后区域由于期初经济发展条件的限制而发展较缓慢；这样通过循环累积作用，"富者愈富、穷者愈穷"的局面就形成了。因此，缪尔达尔认为有条件的区域先发展起来后，应该通过扩散效应来带动落后区域的发展，即应该实行区域协调发展的战略。

此外，值得注意的是，空间集聚与区域经济增长之间是一种相互作用，即空间集聚可以影响区域经济增长率，经济增长率也可以影响产业空间集聚，是一个有效地开放式循环。但其抑制效果还得具体情况具体分析，因为空间集聚对区域经济增长率不一定是简单的线性促进作用，也有可能是 U 形、倒 U 形的情况。

以上关于经济一体化、空间聚集和区域经济差异的概念、影响因素及形成机制的探讨，是制定区域经济发展政策的理论依据，但我们需要进一步通过定量研究为政策制定提供更科学的实证依据，这就需要对空间聚集、经济差异进行统计测度，才能在此基础上测算区域经济发展的影响因素产生的效应大小，进而制定针对性的区域经济协调发展的政策措施。

| 第三章 |

空间聚集与区域差异的统计测度

第一节　空间不平衡的度量方法概述

　　区域经济差异一直以来是国内外学者普遍探讨和研究的热点话题，而引起区域发展差异的主要原因在于经济活动空间分布的非均衡，对经济活动空间聚集研究则成为分析区域协调发展的重要内容之一，寻找恰当的方法对空间集聚水平进行测算，是研究经济活动空间差异的前提。学者们试图通过收入水平或者经济活动的聚集度来评价不平等状况，因此，空间不均衡的程度主要是通过经济指标的聚集程度来衡量。

　　在当前的研究中，最常见的评价经济活动空间聚集程度的指标是基尼系数和泰尔指数，这两种方法是收入分配不平等最流行的度量方法，在区域经济差异分析方面运用最为广泛。此外，随着区域经济理论的发展，评估空间集聚以及区域经济发展差异的测度方法越来越多，国内外学者们从多种角度进行讨论，并取得了一定成果，特别是新经济地理学中专门针对产业间空间聚集状况进行比较的一组指数，包括艾萨德指数、赫芬达尔指数和埃利森指数以及 DO 指数和空间集聚指数（EG）等得到了广泛的应用，如法恩和斯科特（Fan and Scott, 2003）运用赫芬达尔—赫希曼指数（Herfindahl-Hirschman Index, HHI）分析了中国制造业的空间集聚情况，然后通过实证验证了产业空间集聚与劳动生产率的正相关关系，并进一步分析其对地区经济差异的影响；朱希伟等（2011）同样运用 HHI 指数对改革开放以来我国 31 个省区市的地区生产总值和工业总产值的空间分布进行研究，结果发现我国地区生产总值和工业总产值的空间集聚总体上呈现不断加强的趋势，但他指出，中国地区差距的不断扩大不能归咎于经济活动的空间集聚，一些制度性的障碍应该是更重要的原因。

皮埃尔（Pierre，2011）在其著作《经济地理学》中提到，理想的空间聚集指数必须满足几个性质：（1）首先空间集聚程度应该在不同的部门之间能够进行比较，不同部门的厂商的平均规模不同，在地区中的数量就会不同，因此部门的集聚程度会影响它的空间集聚程度，空间集聚应该保证与厂商间的活动无关。（2）空间集聚的度量需要在不同的空间尺度之间也能够比较。例如可以比较一个经济活动在不同国家之间的集聚情况，或是可以比较某个经济活动在国家层面和区域层面的集聚程度大小。（3）空间区域的划分不会改变空间集聚程度。在度量空间集聚指数时，往往需要人为地对空间区域进行划分，而同质的经济区很少与行政区域相一致，所以紧密联系在一起的经济活动可能会划分到不同的行政单位。（4）产业的分类不应该改变空间集聚程度。与第（3）点类似，产业的分类也可能把密切相关的经济活动分隔开，这也是使空间集聚的度量出现差异的一种人为原因。（5）空间聚集的度量应该在稳固的基准下进行。（6）度量方法应该能够对观测值是否明显偏离基准值进行显著性检验。

本章将对常用的空间聚集测度方法进行介绍，并简要分析其性质及适用场合，然后利用我国改革开放以来的经济总量数据分别计算基尼系数、泰尔指数、艾萨德指数和赫芬达尔指数对我国区域经济活动的空间差异进行定量分析和测度，以此综合分析我国的区域经济差异的动态变化过程。

第二节　常用的空间聚集统计测度指标

一、基尼系数

基尼系数是区域经济差异和不平等实证研究中较常用的一种度量方法，也称集中率、洛伦兹系数，是由意大利经济学家科拉多·基尼（1912）根据洛伦兹曲线推导得来的，用于衡量国家或地区收入不均等程度状况的统计方法。而后，克鲁格曼（1991）在洛伦兹曲线及基尼系数研究的基础上，提出了测定产业空间分布均衡情况的空间基尼系数，来衡量经济活动或产业在空间区域上的聚集程度。

1. 基于洛伦兹曲线的收入基尼系数

洛伦兹曲线是一条衡量一国收入和财富分配的曲线，基尼系数的定义可以借助洛伦兹曲线的图示直观地传递出来，如图 3 - 1 所示，横轴表示一国的人口累计数值，纵轴表示一国的收入累计数值，从原点出发的一条曲线就代表了一国人口的收入分配情况。曲线上的每一点代表的是收入总值与人口累计值之间的关系。当一国的收入分配完全公平时，洛伦兹曲线是一条 45 度直线；当国家的收入完全不均等时，洛伦兹曲线呈现为折线，通常情况下，一国的收入分配介于完全均等与不完全均等之间，洛伦兹曲线则为图中呈现下凸走势的曲线，曲线凸度越小，越接近绝对平均线，则收入分配越均等，反之亦然。洛伦兹曲线通过几何图形的方式直观地展示了收入分配情况，但是并不能精确地进行量化比较，经济学家基尼在此基础上提出了基尼系数的计算方法，将基尼系数定义为洛伦兹曲线与绝对平均线围成的面积（A）和绝对平均线以下的三角形面积（A + B）之比，即基尼系数的计算公式为：

$$G = \frac{A}{A+B} \qquad\qquad (3-1)$$

显然，基尼系数取值介于 0 和 1 之间，当 A = 0 时，表明洛伦兹曲线与绝对平均线重合，此时基尼系数为 0，收入分配处于完全平等的状态；当 B = 0 时，表明洛伦兹曲线与绝对不平均线重合，此时基尼系数为 1，收入分配处于完全不均等状态；在实际中，基尼系数会在 0 到 1 之间变动，基尼系数值趋近于 0 时表示收入分配越公平，数值越大越趋近 1 时表明收入差距越大。

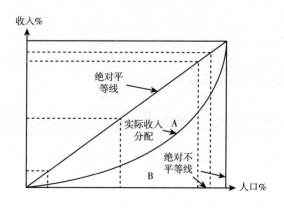

图 3-1 洛伦兹曲线

上述计算基尼系数的公式虽简单明了，但缺乏可操作性，因而，不少学者致力于寻求具备实际可操作性的估算方法。目前，基尼系数有很多种表达方式，已有研究中，以下几类较具有代表性：

（1）直接计算法。该方法是基尼系数测算运用较为广泛的一种，这种算法不依赖于洛伦兹曲线，而是通过直接计算来度量收入不均衡的程度，通过简单直接的数学运算得到基尼系数值的方法对于样本数据的要求比较严苛，在数据精确的情况下可以得到准确的基尼系数值，但当样本容量很大时，计算量很大，其计算公式是：

$$G = \frac{1}{2n(n-1)u} \sum_{j=1}^{n} \sum_{i=1}^{n} |x_j - x_i| \qquad (3-2)$$

其中，n 为样本容量，u 为平均收入，$x_j - x_i$ 为任一对样本收入差。

（2）拟合回归法。该方法是通过对样本数据拟合得到洛伦兹曲线方程来计算基尼系数。运用回归方法拟合出具体的函数表达式，进而计算基尼系数。根据基尼系数的基本原理，先将总体分为若干个单元（个体），以 $x_i(i=1, 2, 3, \cdots, N)$ 表示第 i 个单元（个体）经济活动指标份额占总份额的比重，并按从低到高的顺序排序，横轴体现为单元（个体）个数的累计值，纵轴为单元（个体）经济指标份额的累计值，据此连接而成的曲线为相应的洛伦兹曲线，假设拟合得到的洛伦兹曲线的函数表达式如下：

$$Y = f(x), x \in [0,1]$$

则洛伦兹曲线下方的面积可表示为：

$$B = \int_0^1 f(x)\,dx$$

代入公式（3-1），可推导出基尼系数公式如下：

$$G = \frac{1/2 - \int_0^1 f(x)\,dx}{1/2} = 1 - 2\int_0^1 f(x)\,dx \qquad (3-3)$$

使用该方法容易产生误差，一是学术界对于洛伦兹曲线是何种函数还未有明确的结论，二是要求假定的洛伦兹曲线是可导可积的，三是用回归法求洛伦兹曲线函数表示式过程中可能产生误差，此外，对样本容量的要求要足够多（熊俊，2003）。

在数据离散情况下，假设 y_i 为第 i 组收入比重，p_i 为第 i 组的人口比重，V_i 是将累加收入百分比按收入等级两两相加的数值，U_i 为第 i 组向下累加收入比重，即 $U_i = \sum_{i=1}^{i} y_i$，则基尼系数的计算公式通常还可以表示为：

$$G = 1 - \sum_{i=1}^{n} p_i \times V_i = 1 - \sum_{i=1}^{n} p_i \times (U_{i-1} + U_i) \qquad (3-4)$$

（3）分组法。姚（Yao，1999）提出了一种计算基尼系数较为直观简便的方法。假定样本人口可以分成 n 组，设 w_i、m_i 和 p_i，分别代表第 i 组的人均收入份额、平均人均收入和人口频数（$i=1$，…，n），将样本按人均收入 m_i 由小到大排序后，基尼系数可表示如下：

$$G = 1 - \sum_{i=1}^{n} 2B = 1 - \sum_{i=1}^{n} p_i(2Q_i - w_i) \qquad (3-5)$$

其中，B 为洛伦兹曲线下方面积，q_i、w_i 从 1 到 n 的和为 1，Q_i 代表从 1 到 i 的累积收入比重，即 $Q_i = \sum_{k=1}^{i} w_k$。

2. 空间基尼系数

克鲁格曼（1991）在收入基尼系数的基础上进一步提出了测定产业空间分布均衡情况的空间基尼系数来衡量经济活动或产业在空间区域上的聚集程度（解煊等，2005）。产业 i 的空间基尼系数的一般公式为：

$$G_i = \sum (s_j - x_j)^2 \qquad (3-6)$$

s_j 为 i 行业中各地区 j 企业的相关经济指标如就业人数或产值等占所有地区该行业就业人数和总产值的份额；x_i 是 i 行业各地区总就业人数或总产值占所有地区就业总人数或总产值的份额。若 G 的值越是接近 0 那么产业在各地区的分布越均衡，若 G 的值越接近 1，则产业在地理上越集中，集聚程度越强。利用就业量、产出量或增加值等项目的基尼系数可以评估某特定部门的空间分布状况，来衡量经济活动或产业在空间区域上的聚集程度，使用基尼系数衡量经济活动的空间聚集状况时，其中一个主要的关注点是分析某种产业在空间上的产业集聚程度，使用基尼系数对产业的空间集聚程度进行测量时，通常需要先对目标区域进行地理单元的划分，从而将地理单元的产业份额作为研究对象，利用基尼系数的原理进行各单元产业分布均衡程度的度量。空间基尼系数可以用来体现产业或者经济活动在空间上的集聚程度，而时间上的变化情况则可以反映经济活动空间分布的变化趋势。计算空间基尼系数原理较为直观简单，因此被广泛地使用，但由于空间基尼系数反映的是一个地区经济或产业的集聚状况，分析经济活动的空间集聚程度时，这个空间范围是人为限定的，在计算时需要对目标区域进行地理单元的划分，划分地理单元数量的多少会影响基尼系数计算的准确程度，此外，区域之间的空间相关性和产业分布的情况都会对空间基尼系数的计算产生影响（蒲业潇，2011）。

综上，基尼系数作为度量不平等最为广泛运用的统计指标之一，自有其优点：一是综合性强，单个数值就能反映整体的收入差距状况；二是几何意义直观清楚；三是计算方法较多，便于根据统计资料进行选择；四是国际上最流行的度量不平等的指标，便于国际间对比（陈卫东，2008）。然而不可避免也存在缺陷：一是基尼系数对高收入地区权重赋予较大，而对低收入区域给予权重较小，从而对高收入区域收入比重的变化较敏感，若样本中高收入区域的数据存在误差，那么基尼系数测算的精确性就会下降；二是当基尼系数发生变化时，不能反映各阶层收入变化的具体情况，也就是说，当基尼系数增大或减小时不能判断是哪个阶层的收入变化引起的；三是不具备可分解性，不能根据某一特征对研究对象进行分组，也就是说，组间和组内基尼系数的加总与总体的基尼系数不等价，这也是这个指标最大的缺陷（周云波，2008）。

二、泰尔指数

泰尔指数最早是泰尔（Theil，1967）利用信息理论中的熵概念提出的衡量个人口之间或地区间收入差距的指标，可以借鉴其原理来衡量社会经济指标在区域间分布的均衡情况。相较于其他指标，用泰尔指数度量不平等最大的优点在于其具有可分解性，可进一步分解为组内不平等和组间不平等，一个区域总的差异程度等于区域内部各单元之间的差异程度和每个单元内部的差异程度之和，通过计算组内不平等和组间不平等对总体不平等的贡献率，还能够找出引起不平等的主要来源，从而考虑不同区域层面空间集聚程度对区域差异的影响，目前在区域经济差异分析中得到广泛应用。

1. 总泰尔指数的构造原理

在信息论中，熵是对系统不确定性的一种度量。当系统处于 n 种不同状态，每种状态出现的概率为 $p_i(i=1, 2, \cdots, n)$ 时，该系统的熵定义为：

$$e = -\sum_{i=1}^{n} p_i \ln p_i \quad (0 \leqslant p_i \leqslant 1, \sum p_i = 1) \qquad (3-7)$$

当系统的 n 种不同状态以等概率出现时，$p_i = 1/n(i=1, 2, \cdots, n)$，此时，熵值最大，$e = \ln n$；当系统只有一种状态出现时，即对某个特定的 i 有 $p_i = 1$，$p_j = 0(j \neq i)$，此时，熵值最小，$e = 0$。

如果有 N 个个体，求 N 个个体收入总和，则每个个体收入的比重为 y_i，$y_i \geqslant 0$，$i=1, \cdots, N$，则有：

$$\sum_{i=1}^{N} y_i = 1, i = 1, \cdots, N$$

利用信息理论可以从 y_i 入手来衡量 N 个个体收入的均衡程度。收入系统的熵为：

$$H(y) = \sum_{i=1}^{N} y_i \log \frac{1}{y_i} \qquad (3-8)$$

当 N 个个体收入完全平等时，则每个个体收入的比重 $y_i = \frac{1}{N}$，$i=1, \cdots,$ N，此时，$H(y)$ 达到最大值，$H(y) = \sum_{i=1}^{N} \frac{1}{N} \log N = \log N$；当个体收入完全不平等，某个人的收入等于总收入，其余个体收入均为零，即对某个特定的 i 有 $y_i = 1$，$y_j = 0(j \neq i)$，此时，$H(y)$ 达到最小值，$H(y) = \log 1 = 0$。

可见，$H(y)$ 可用来构造衡量收入不平等的指标，总泰尔指数 T 就是在此基础上构造出来的。泰尔总指数：

$$T = \log N - H(y) = \sum_{i=1}^{N} y_i \log N - \sum_{i=1}^{N} y_i \log \frac{1}{y_i}$$

$$= \sum_{i=1}^{N} y_i \log \frac{y_i}{1/N} \qquad (3-9)$$

则 $0 \leqslant T \leqslant \log N$，$T$ 越接近于 0 意味着 N 个个体收入分配越平等，T 越接近 $\log N$ 时意味着收入分配越不平等。

2. 泰尔指数的分解

如果有人口的分组资料，泰尔总指数还可进一步分解成反映组内差异和组间差异的两个指数之和，因此可以更直观地反映出收入不均衡的来源及其大小。假设 N 个个体分为 G 组，每组有 N_g 个个体，各组收入总和占 N 个个体收入总和的比重为 Y_g，则有：

$$\sum_{g=1}^{G} N_g = N, \sum_{g=1}^{G} Y_g = 1, g = 1, \cdots, G$$

可以推导出泰尔指数分解如下：

$$T = T_b + T_w = \sum_{g=1}^{G} Y_g \log \frac{Y_g}{N_g/N} + \sum_{g=1}^{G} Y_g \left[\sum_{i=1}^{N_g} \frac{y_i}{Y_g} \log \frac{y_i/Y_g}{1/N_g} \right]$$

$$(3-10)$$

式中，T_b 为组间泰尔指数，反映各组之间收入的差异状况，T_w 为组内泰尔指数，反映各组内部收入不平等情况。

进一步，可以计算组间差异和组内差异对总体差异的贡献率：

$$D_b = \frac{T_b}{T}, D_W = \frac{T_W}{T} \qquad (3-11)$$

D_b 为组间差异贡献率，D_W 为组内差异贡献率。

式（3-10）中，$\sum_{i=1}^{N_s} \frac{y_i}{Y_g} \log \frac{y_i/Y_g}{1/N_g}$ 即各组内收入不均衡的泰尔指数，其定义与解释同总泰尔指数一致，只不过是范围缩小了，在组内计算 N_g 个个体之间收入的不平衡。当组内每个个体收入完全平等时，每个人的收入应为组内总收入的 $1/N_g$，即 $y_i/Y_g = 1/N_g$，此时，组内泰尔指数等于 0；当组内收入完全不平等时，组内收入完全由某个个体占有，则对某个特定的 i 有 $y_i = Y_g$，$y_j = 0(j \neq i)$，此时，组内泰尔指数达到最大值 $\log N_g$。式（3-10）中等号右边第二项 $\sum_{g=1}^{G} Y_g \left[\sum_{i=1}^{N_s} \frac{y_i}{Y_g} \log \frac{y_i/Y_g}{1/N_g} \right]$ 则是以各组收入占总收入的比重 Y_g 对各组内泰尔指数的加权平均，反映总体不均衡中由组内不均衡造成的部分。

式（3-10）中，等号右边第一项 $\sum_{g=1}^{G} Y_g \log \frac{Y_g}{N_g/N}$ 则反映了各组收入之间不均衡的程度，称为组间泰尔指数。可以看出，当各组间收入完全平等时，各组收入占总收入的比重 Y_g 就应该完全等于各组人口占总人口的比例 N_g/N，此时，组间泰尔指数等于 0；当各组间收入完全不平等，则某个组占有所有收入，其他组的收入均为零，则对某个特定的组 g 有 $Y_g = 1$，$Y_j = 0(j \neq g)$，此时，组间泰尔指数最大值为 $\log \frac{N}{N_g}$。可见，组间泰尔指数越趋近于 0 则各组间差异越小，收入在组间分布越平等；越大于 0 说明组间收入分配越不平等。

3. 泰尔指数在区域经济差异评价中的一般应用

利用上述泰尔指数的原理，不仅可以计算衡量收入分配不平等性的收入相对于区域人口的泰尔指数，还可以用来计算人口相对于区域面积的泰尔指数、生产总值相对于区域人口或区域面积的泰尔指数、公共服务供给相对于区域人口的泰尔指数等，以评价人口及主要经济指标在区域间分布的均衡性，并且可以根据历年数据来评价分布不均是加重还是趋缓。

为了实现组间泰尔指数更一般的应用，我们重新定义式（3-10）中

等号右边第一项 $\sum_{g=1}^{G} Y_g \log \dfrac{Y_g}{N_g/N}$ 的符号，得到区域间泰尔指数的一般性

公式：

$$I(x;w) = \sum_{i=1}^{n} x_i \log \frac{x_i}{w_i} \qquad (3-12)$$

式（3-12）中，$I(x;w)$ 为区域间泰尔指数，用来考察指标 x 相对于指标 w 在区域间分布的均衡程度；将总体分为 n 个区域，$x_i(i=1, \cdots, n)$ 为所要考察的指标 x 在第 i 个区域内的总额占所有区域总额的比重；w_i 代表指标 w 在第 i 个区域内的总额占所有区域总额的比重。如 x_i 代表各区人口所占的比重，w_i 代表各区面积所占的比重，则 $I(x:w)$ 可以用来衡量区域间人口相对于面积分布的均衡程度。又如 x_i 代表各区 GDP 所占的比重，w_i 代表各区人口所占的比重，则 $I(x:w)$ 可以用来衡量区域间 GDP 相对于人口分布的均衡程度。

当分布完全均衡时，应有 $x_i = w_i$，此时，$I(x:w)$ 值最小为 0；当分布完全不均衡时，即对某个特定的区 i 有 $x_i = 1$，其余 $x_j = 0(j \neq i)$，此时，$I(x:w)$ 值最大为 $\log \dfrac{1}{w_i}$。可以根据 $I(x:w)$ 的大小来比较分布的均衡程度，$I(x:w)$ 值越小越接近于 0 则分布越均衡。

将泰尔指数的基本算法拓展到区域空间层面上测算中国产业的空间集聚程度时，如果将中国分成东、中、西部三组，那么可以计算三组区域之间的产业分布差异，这就是组间差异；还可以就各组计算内部各省份之间的产业差异情况，进行加权平均得到组内的泰尔指数。即反映产业 r 的空间集聚总水平的泰尔指数 $T^r = \sum_{i=1}^{n} y_i^r \log \dfrac{y_i^r}{y_i}$，其中 y_i^r 为 i 地区研究的某种经济活动 r 的在本地中所占的比重，y_i 为 i 地区的经济活动总量在所有地区中所占的比重，n 为地区总数量。组间的泰尔指数测算是将各组看成一个

整体的单元，基本计算公式为：$T_b^s = \sum_{c=1}^{C} p_c^r \log \dfrac{p_c^r}{p_c}$，其中 $p_c^r = \dfrac{X_c^r}{x^r}$。组内泰尔指数是以某组为样本，利用泰尔指数计算组内各单元的泰尔指数，再把组内泰尔指数进行加权平均，权重为各组指标占所有单元总额的比重，计算公式为：$T_w^s = \sum_{c=1}^{C} \dfrac{X_c^r}{x^r} T_c^r, T_c^r = \sum \dfrac{y_i^r}{p_c^r} \ln \dfrac{(y_i^r/p_c^r)}{(y_i/p_c)}$。则总的泰尔指数为组间泰尔指数与组内泰尔指数之和，即 $T^r = T_b^r + T_w^r$。泰尔指数 T 为 0 时表示产业活动均匀分布，空间集聚程度低；泰尔指数值越大说明个体之间差异越大，空间集聚的程度越高。泰尔指数的可分性泰尔指数 T^r 可以分解为组间差异 T_b^r 和组内差异 T_w^r，使分析产业空间集聚水平时可以区分差异性的来源，进一步了解中国的产业空间集聚水平，是主要来自区域间还是区域内。

三、赫芬达尔—赫希曼指数（HHI 指数）

赫芬达尔—赫希曼指数是测量产业集中度的综合指数，它是指一个行业中各市场竞争主体所占行业总收入或总资产百分比的平方和用来计量市场份额的变化即市场中厂商规模的离散度。赫芬达尔指数能区别公司市场占有率为基础的市场结构。

赫芬达尔指数通常是用某产业内市场上所有企业的市场份额的平方和来表示，其公式为：

$$HHI = \sum_{i=1}^{N} (X_i/X)^2 = \sum_{i=1}^{N} Z_i^2 \qquad (3-13)$$

式（3-13）中，N 为该产业内的企业个数，X_i 为该产业中第 i 个企业的市场规模，X 为该产业市场总规模，则 Z_i 为 i 企业在该产业中所占的市场份额。HHI 的取值范围是 0 ~ 1。指数值越大，则产业市场集中度越大，垄断程度越高。反之，值越小，产业市场集中度越小。

作为产业集聚的测度方法之一，将产业内企业的数量和市场结构两个因素考虑在内，综合地反映了企业的数目和相对规模，其优势是能够较真实反映市场结构的变化。当市场有一家企业独占，即 $X_1 = X$ 时，赫芬达尔指数 $=1$；当所有的企业规模相同，即 $X_1 = X_2 = \cdots = X_n = 1/n$ 时，$HHI = 1/n$。产业内企业的规模越是接近，且企业数越多，赫芬达尔指数就越接近于 0。同时该指数对大企业赋予较大的权重，因此 HHI 值的大小会随着大企业市场份额的改变而显著发生变动，因此赫芬达尔指数可以在一定程度上反映市场结构变化情况。

但是使用赫芬达尔指数并不能很好地反映产业在地理空间上的集聚程度，即 HHI 值高并不一定代表产业在地理空间上集中度高，因为 HHI 指数对规模较大的企业赋予更大的权重，因此，赫芬达尔指数对规模较大的前几家企业的市场份额比重的变化反应特别敏感，大企业的市场份额变化会对 HHI 指数产生较大的影响，而小企业对它的影响并不明显，因此它衡量产业的空间集聚情况时存在一定的缺陷（王欢芳，2018）。

四、艾萨德指数

艾萨德指数是根据某部门或产业就业水平（也可以是产出量或增加值等相关指标）的实际和基准水平之间的绝对距离建立起来的度量聚集程度的统计指标（皮埃尔 – 菲利普，2011），其计算公式为：

$$I^s = \frac{1}{2} \sum_{r=1}^{N} |\lambda_r^s - \lambda_r| \qquad (3-14)$$

其中，s 表示某一部门或产业，N 表示区域，λ_r 为每个区域总的就业份额，λ_r^s 为某一部门或产业的区域就业份额。

假设基准就业活动水平在所有区域是均匀分布的，那么每个区域的总就业水平为 $1/R$，即每个区域分配了相同的权重 $1/R$，这种情况下计算的指数也叫做绝对指数。

五、埃利森—格莱泽指数（EG 指数）

该指数也称为 EG 指数，是埃利森和格莱泽（Ellision and Glaeser，1997）在度量总体空间集聚度的赫芬达尔指数基础上提出的用来测度产业集聚水平的新方法。他们认为在一个行业内若是厂商数量只有有限的几个，那么相应的就业分布也只会分布在少数的几个区域当中，由此形成了区域的高空间集聚，而这些反过来又会影响这些部门的空间聚集。相反的，若是一个部门就业能够均匀地分布在多个厂商中，那么这个部门就会分布在大部分的区域当中。他们充分考虑了一个部门的就业分布是以劳动者在厂商中的集聚分布为前提的，因此综合溢出效应、自然优势和随机分布三种因素对产业集聚的影响，提出测量产业集聚的新指数——EG 指数，其基本计算公式为：

$$EG_i = \frac{G_i - \left(1 - \sum_{i=1}^{m} x_i^2\right) H_i}{\left(1 - \sum_{i=1}^{m} x_i^2\right)(1 - H_i)} \qquad (3-15)$$

其中 $G_i = \sum (s_j - x_j)^2$ 为空间基尼系数，s_j 为 i 行业中 j 企业就业人数占所有地区该行业就业人数的份额；H_i 为赫芬达尔指数，$H = \sum (z_j)^2$，z_j 表示 i 行业中企业 j 的主营业务收入占 i 行业主营业务收入的比重。m 为地区总数，x_i 是 i 行业总就业人数占所有地区就业人数的份额。通常 EG 指数大于 0.5 时表示该地区的该产业高度聚集，小于 0.2 时表明该产业在该地区分布较为均匀。

显然，在空间基尼系数和赫芬达尔指数基础上构造出来的 EG 指数用来衡量产业集聚水平具有明显的优势，空间基尼系数主要考虑的是空间分布的均衡性，赫芬达尔指数则主要考虑了企业数量和市场规模对产业集聚的影响，因此，EG 指数既综合考虑了经济活动空间分布的区域差异又反映了企业规模集聚两个因素，用来衡量产业集聚水平较好地满足了理想空间集聚指数的前三个性质，相对空间基尼系数和赫芬达尔指数而言准确度更高，可以进行跨产业、跨区域和跨时间比较（王子龙等，2006）。

然而，尽管 EG 指数对产业集聚度具有很强的解释力，但实践中也存在困难，其对数据要求过高，大多需要使用精确到企业级的微观数据，数据的获取存在难度。此外，由于 EG 指数测算的特殊性性质，它在使用过程中仍存在很大的限制。首先 EG 指数与赫芬达尔指数以及空间基尼系数存在相关性，陈长石等（2016）研究发现 EG 指数与赫芬达尔指数呈负相关关系，与空间基尼系数呈正相关关系，即市场行业的竞争程度越低，企业选址越集中，产业的空间集聚程度就越高；在某行业的企业分布均匀，但是存在规模较大的几个企业时，EG 指数可能会出现负值。此外，从 EG 指数的计算公式可以看出，x_i 的值、空间基尼系数和赫芬达尔指数的值的变化都会影响 EG 指数的值。文东伟等（2014）研究发现地理范围的划分和行业范围的划分会对 x_i 值产生影响，研究范围内划分的各单元数量越多，各单元范围越小，x_i 则越小，EG 指数就越小；行业划分范围越小，z_j 就越大，则赫芬达尔指数越大，从而 EG 指数越大。赫芬达尔指数的对 EG 指数的影响主要来自于 HHI 指数的测算基准的差异，在测算 HHI 指数时有两种方法，一种为代表法，即在全部的数据样本中选取一部分进行计算；第二种则是选取所有的样本进行计算。学者在不同的研究过程中使用同样的数据用不同的方法对 EG 指数进行计算时可能会得出不同的结果，从而影响对产业空间集聚情况的准确判定。陈长石和郭晶晶等（2016）研究认为使用代表法计算对结果的测定较为准确，使用平均法计算的赫芬达尔指数会低估规模集聚水平，从产业组织理论可知，空间集聚一旦形成，市场规模较大的企业将依靠自身的优势，形成市场垄断，阻止其他企业进入市场，从而使空间集聚水平提高，因此使用代表法计算的结果更加符合现实情况。

　　以上介绍了常见的衡量的空间集聚程度的指标包括空间基尼系数、艾萨德指数、赫芬达尔指数、泰尔指数，这些指标的意义明确原理简单，在计算的时候数据获取相对较为简便，但是这些指数并没有很好地考虑区位差异对于空间集聚的影响；EG 指数考虑了市场结构和区域规模的影响，同样未考虑区域的相对位置，不同的空间尺度以及空间单元划分的不同都会使测算结果产生差异。此外将一个在空间上连续分布的产业按照行政区进行划分，还会造成空间结构信息的缺失。

六、DO 指数

　　谢静（2017）介绍了杜兰和奥弗曼（Duranton and Overman，2005）为了克服上述问题提出的基于空间距离测算的空间集聚指标——DO 指数，它将研究对象置于连续空间中进行测算，从而在一定程度上可以有效地解决可变的区域单元问题。通常对 DO 指数的测算方法，主要包括几个部分：首先它是采取实际距离为基础的分离厂商的方法，因此需要选取适当的方法衡量行业中企业之间的实际距离，在现实的研究中通常使用企业的地址，利用地理编码技术将企业的地址转化为经纬度坐标，得到企业距离的空间化数据，从而构造关于空间距离的概率密度函数，在此基础上构造置信区间对特定距离上行业的集聚和分散的信息进行判断。

　　DO 指数的测算方法从微观的角度出发，以厂商的实际距离作为研究对象，用非参数的方法估计企业距离的核密度函数，在连续的空间下考虑产业集聚度的差异，不受人为划分空间单元的影响，因此 DO 指数有效地满足了本章开头介绍的理想空间聚集指标的前三个性质与第五、六个性质，是衡量产业空间集聚较为理想的指标，但同时 DO 指数的计算对数据要求较高，需要基于企业层面的数据且与企业间距离有关，在数据可获取性和实际操作上难度较大，还需要地理信息系统技术辅助。

第三节　空间聚集指标在区域差异分析中的应用

一、中国经济发展水平的空间聚集态势分析

改革开放 40 多年来，中国经济整体上获得了高速发展，但在经济快速发展的过程中区际发展不平衡不断扩大的问题也随之产生。据《中国区域经济统计年鉴》数据显示，2015 年，中国东部 10 省以占中国 9.5% 的土地、占中国 38.3% 的人口生产了占中国 51.6% 的 GDP。与此同时，中国也经历着快速的城市化过程，《国务院关于城镇化建设工作情况的报告》显示，2016 年中国的城镇化率已达到 57.35%，快速的城市化进程也加剧着中国整个经济活动空间分布的差异。例如，京津冀、长江三角洲、珠江三角洲三大城市群是引领我国城市化发展的主导力量，其以 2.8% 的国土面积集聚了 18% 的人口，创造了 36% 的国内生产总值。区域发展差距扩大、空间结构失衡等区域性经济社会问题会对我国的资源配置效率、发展机会公平与否产生影响，进而影响整体经济实力的提升和社会的和谐稳定。因此，促进区域空间发展均衡，缩小区域发展差距是我国面临的重大课题。习近平总书记在 2015 年 12 月中央经济工作会议上作的重要讲话中也提出"促进区域发展，要更加注重人口经济和资源环境空间均衡"，以逐步缩小区域发展差距。

为了对中国区域经济差异的演变过程有一个科学的认识，在衡量指标选取上，选取 GDP、人均 GDP 和三次产业的增加值来反映区域经济的整体发展水平和三次产业差异状况，GDP 是一个区域生产规模的概念，因而用 GDP 及其构成要素作为基础数据构造指标来反映区域经济差异是适

合的。数据选取上采用现行价格，因为差异指标是当年内的数据计算的，不受价格指数的影响，当年价格或是按可比价格来计算对地区差距计算的影响不大。

为更好地分析改革开放以来中国区域经济差异情况，在研究单元选取上，选择两种地理区域进行空间聚集态势分析。具体为：（1）为揭示我国总体的空间聚集状况，以我国现有的31个省级行政区（不含港澳台地区）作为基本单元进行研究；（2）为反映我国不同区域的空间聚集情况，根据国家统计局2011年的划分办法，以我国的经济区域划分为东部、中部、西部和东北四大地区作为研究单元。其中，东部10省市包括：北京、天津、河北、上海、江苏、浙江、福建、山东、广东和海南。中部6省包括：山西、安徽、江西、河南、湖北和湖南。西部12个省区市包括：内蒙古、广西、重庆、四川、贵州、云南、西藏、陕西、甘肃、青海、宁夏和新疆。东北3省包括：辽宁、吉林和黑龙江。在时序选择上，选择1978～2014年的连续时间序列，以反映我国改革开放以来30几年空间聚集的演变轨迹。所有指标数据来源于历年的各省区市统计年鉴。

首先，通过计算我国东部、中部、东北、西部2003～2016年四大区域人均地区生产总值的标准差和变异系数对我国区域经济整体分布有个最基本的认识，将各年变异指标值绘制成如图3－2所示的趋势图，从变异系数的变化曲线来看，各地区人均地区生产总值相对于均值的差异幅度在2003～2016年呈现波动减小的趋势，可分为2个阶段：2003～2014年下降阶段，变异系数从2003年的0.52下降到2014年的0.32；2014～2016年缓慢增长阶段，变异系数从2015年的0.34增长到2016年的0.345，但相对于2003年仍呈缩小趋势。但由于人均收入水平的提高，各地区相对于均值的变动绝对值还是呈扩大趋势，这从标准差变化曲线可以看出绝对差异呈逐年增大趋势。

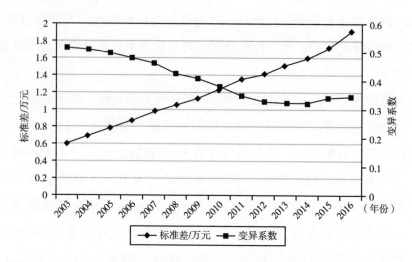

图 3 - 2 2003 ~ 2016 年我国四大区域人均地区生产总值标准差与变化系数趋势

标准差与变异系数给出区域经济差异的初步判断，但不能提供关于整个区域收入分配空间分布随时间变化的信息，为了更深入地分析空间集聚水平变化导致的区域经济发展水平的差异，根据本章第二节介绍的空间聚集度量指标及其适用场合，在这里采用基尼系数、泰尔指数以及艾萨德指数计算公式，对我国改革开放以来的 GDP 空间集聚状况进行测度以分析其变动态势。其中基尼系数公式采用公式（3 - 5）进行计算，相关指标均来源于各年各省区市统计年鉴。测算结果如表 3 - 1 所示。为了更直接地进行比较，将不同测算方法的计算结果绘制成趋势图（见图 3 - 3）。

由图 3 - 3 可以看出，利用三个不同的指标测算出来的中国省域空间 GDP 的聚集水平都体现了我国区域经济差异状况的存在，其中利用艾萨德指数测算出来的空间集聚指标数值波动较小，在 0.28 上下小幅波动，体现的区域差异变动较不明显，从演变趋势上看，改革开放以来，这个指数反映的 GDP 的区域差异呈现的是较平稳的变化态势，也就是说，1978 ~ 2014 年我国区域差异没有明显的扩大或缩小，这与我们观测到的

表 3-1　　　　　　　　　　1978～2014 年中国省域 GDP 的空间聚集指标

年份	基尼系数	总泰尔指数 T	艾萨德指数	年份	基尼系数	总泰尔指数 T	艾萨德指数
1978	0.2395	0.2178	0.2721	1996	0.2506	0.2825	0.3001
1979	0.2311	0.2150	0.2717	1997	0.2539	0.2829	0.3015
1980	0.2311	0.2195	0.2780	1998	0.2587	0.2832	0.3003
1981	0.2197	0.2178	0.2779	1999	0.2645	0.2847	0.2996
1982	0.2157	0.2152	0.2754	2000	0.2724	0.2905	0.3019
1983	0.2117	0.2167	0.2763	2001	0.2772	0.2930	0.3035
1984	0.2168	0.2191	0.2769	2002	0.2820	0.2959	0.3046
1985	0.2187	0.2211	0.2799	2003	0.2898	0.3022	0.3062
1986	0.2217	0.2226	0.2813	2004	0.2862	0.3039	0.3053
1987	0.2245	0.2318	0.2847	2005	0.2886	0.3123	0.3078
1988	0.2258	0.2357	0.2839	2006	0.2869	0.3141	0.3077
1989	0.2208	0.2363	0.2822	2007	0.2815	0.3097	0.3062
1990	0.2115	0.2319	0.2780	2008	0.2725	0.2997	0.2986
1991	0.2230	0.2398	0.2802	2009	0.2672	0.2976	0.2987
1992	0.2352	0.2517	0.2857	2010	0.2599	0.2887	0.2934
1993	0.2520	0.2685	0.2923	2011	0.2485	0.2761	0.2857
1994	0.2552	0.2773	0.2976	2012	0.2409	0.2672	0.2807
1995	0.2549	0.2840	0.3006	2013	0.2371	0.2646	0.2791
				2014	0.2359	0.2646	0.2794

资料来源：根据历年各省（区市）统计年鉴相关指标计算得到。

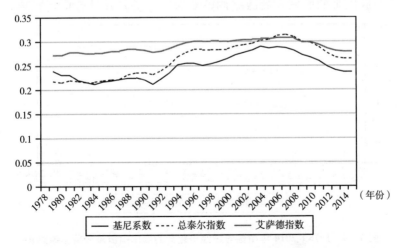

图 3-3　1978～2014 年中国省域 GDP 的不同空间聚集指标测度结果比较

我国实际区域差异在改革开放后逐步扩大的现实情况不符。因此，用艾萨德指数并不能很好地反映我国经济活动空间聚集和区域差异变化情况。对基尼系数和泰尔指数结果进行分析可知，用基尼系数和泰尔指数测算的GDP历年空间聚集水平均在 0.21 以上，即我国区域差异一直存在。尽管这两个指数计算出来的空间集聚度有所不同，但其空间集聚演变存在相似的发展趋势，即都是呈现的先平稳变化后上升再下降的态势。

与基尼系数相比，采用泰尔指数进行分析的优点是可以根据地区构成进行分解，从而可以更好地分析区域经济差异演变特点形成的主要来源，因此进一步利用泰尔指数对 GDP 的区域变动进行分解同时分析三次产业的区域变动情况（庄赟等，2019）。限于篇幅，在此仅用图 3-4~图 3-8 将相应指标的空间聚集及其分解趋势绘制出来以供读者参考，可以得出以下结论：改革开放以来，我国 GDP 空间集聚呈现倒 U 形变化态势，而区域间差异的变动是引起全国整体经济差异变动的主要原因，但区域内部差异是其最主要的来源，且东部地区和西部地区的内部差异又是区域内部差异的主导力量。GDP 三次产业构成的空间集聚表现为一次产业变化平稳，二产和三产空间集聚态势与 GDP 空间聚集演变情况一致。分析原因，我国改革开放以来的区域发展战略调整对地区经济差异具有重要影响。

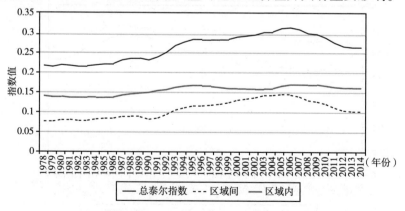

图 3-4 1978~2014 年中国省域经济差异的泰尔指数及分解结果趋势

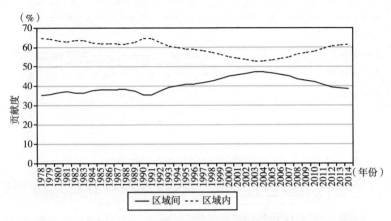

图 3 - 5 1978～2014 年区域间及区域内差异对总差异的贡献度

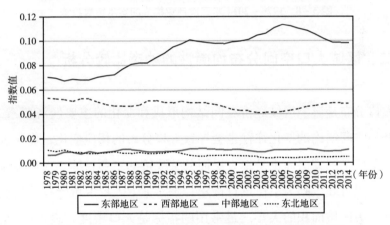

图 3 - 6 1978～2014 年四大区域内部差异泰尔指数值趋势

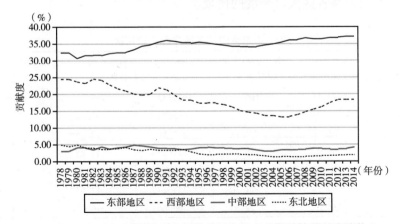

图 3 - 7 1978～2014 年四大区域内部差异占总差异的贡献度趋势

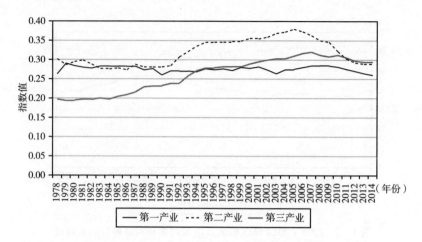

图 3 - 8　1978 ~ 2014 年三次产业构成的泰尔指数趋势

二、区域人口空间分布均衡性的动态比较分析

人口分布是影响区域经济空间结构形成和变化的主要经济要素之一，区域经济空间结构的变化往往也会导致人口分布的相应变化，优化人口空间布局不仅是国家层面也是地方层面公共政策的主要目标。人口分布的均衡程度常以行政区划为单位进行衡量，事实上，人口区域分布的均衡程度还必须考虑区域面积的大小。最常用的指标是人口密度。表 3 - 2 是当前福建省厦门市及各区人口密度的比较。

表 3 - 2　　　　　　　　　2012 年末厦门市各区户籍人口密度

地区	土地面积（平方公里）	各区面积比重（%）w_i	户籍人口（人）	各区户籍人口比重（%）x_i	户籍人口密度（人/平方公里）
全市	**1573. 16**	**100**	**1909183**	**100**	**1214**
思明区	75. 31	4. 79	668970	35. 04	8883
湖里区	65. 78	4. 18	245350	12. 85	3730
集美区	255. 9	16. 27	214825	11. 25	839
海沧区	170. 36	10. 83	139330	7. 30	818
同安区	649. 73	41. 30	334624	17. 53	515
翔安区	356. 08	22. 63	306084	16. 03	860

资料来源：历年《厦门经济特区年鉴》和《厦门市国民经济和社会发展统计公报》。

表3-2明显体现了厦门市户籍人口密度的不均衡。思明区以全市5%不到的土地面积承担了35%的户籍人口数量，户籍人口密度达8883人/平方公里，是湖里区户籍人口密度的2.3倍，是岛外各区户籍人口密度的10倍以上，更是同安区户籍人口密度的17倍。

为了对厦门人口分布情况进行横向比较以分析其空间均衡的程度，以及对其空间分布变化进行动态比较，我们利用式（3-12）介绍的区域间泰尔指数的一般性公式 $I(x:w) = \sum_{i=1}^{n} x_i \log \frac{x_i}{w_i}$ 来度量厦门历年人口分布均衡程度的变化，式中，令 x_i 代表各区人口所占的比重，w_i 代表各区面积所占的比重，则 $I(x:w)$ 可以用来衡量各行政区间人口相对于面积分布的均衡程度。

根据表3-2中各区土地面积比重 w_i，再根据厦门2003~2012年各区的户籍人口数据计算各区户籍人口的比重 x_i，利用区域间泰尔指数的一般性公式可以得到厦门2003~2012年每年区间户籍人口相对于面积分布均衡程度的泰尔指数。历年的区间泰尔指数列于表3-3中。

表3-3　　　　2003~2012年户籍人口相对于区域面积的泰尔指数

年份	泰尔指数
2003	0.468967
2004	0.491548
2005	0.511842
2006	0.523083
2007	0.530861
2008	0.543937
2009	0.550359
2010	0.559069
2011	0.563625
2012	0.565969

从表3-3历年泰尔指数的比较可以看出，泰尔指数显著大于0，说明各区人口相对于区域面积来说显著不均衡。其中2012户籍人口的泰尔指数约为0.57，比较之前的年份户籍人口的泰尔指数从2003年起逐年上升，说明户籍人口的区域差异在扩大，不均衡程度在增加。

作为比较，分别根据表3-4和表3-5 2012年北京市14个区和2个县、上海市16个区和1个县的人口及土地面积计算区间泰尔指数（计算结果见表3-6）。2012年，北京市的泰尔指数明显高于上海市和厦门市，说明人口分布更加不均衡。上海市的常住人口泰尔指数略低于厦门市，说明分布比厦门市均衡一些。事实上，如果只计算上海16个区间（不包括崇明县）的泰尔指数，则约为0.41，明显低于厦门6个区间的泰尔指数，可见厦门市人口在区间分布的不均衡程度更甚于上海市。此外，根据北京、上海两个城市的户籍人口计算的泰尔指数均高于常住人口的泰尔指数，说明当前户籍人口在各区的分布更不均匀，而且是较普遍的现象。

表3-4　　　　　　2012年末北京市及各区土地面积和人口数据

地区	土地面积（平方公里）	各区面积比重（%）w_i	户籍人口（万人）	各区户籍人口比重（%）x_i	常住人口（万人）	各区常住人口比重（%）x_i
全市	16410.54		1297.6		2069.3	
东城区	41.86	0.003	96.8	0.07	90.8	0.04
西城区	50.53	0.003	138.5	0.11	128.7	0.06
朝阳区	455.08	0.028	197.4	0.15	374.5	0.18
丰台区	305.80	0.019	109.7	0.08	221.4	0.11
石景山区	84.32	0.005	37.1	0.03	63.9	0.03
海淀区	430.73	0.026	230.7	0.18	348.4	0.17
房山区	1989.54	0.121	78	0.06	98.6	0.05
通州区	906.28	0.055	68.3	0.05	129.1	0.06
顺义区	1019.89	0.062	59.4	0.05	95.3	0.05
昌平区	1343.54	0.082	56.1	0.04	183.0	0.09

续表

地区	土地面积（平方公里）	各区面积比重（%）w_i	户籍人口（万人）	各区户籍人口比重（%）x_i	常住人口（万人）	各区常住人口比重（%）x_i
大兴区	1036.32	0.063	62.2	0.05	147.0	0.07
门头沟区	1450.70	0.088	24.8	0.02	29.8	0.01
怀柔区	2122.62	0.129	27.8	0.02	37.7	0.02
平谷区	950.13	0.058	39.8	0.03	42.0	0.02
密云县	2229.45	0.136	43	0.03	47.4	0.02
延庆县	1993.75	0.121	28	0.02	31.7	0.02

资料来源：《北京统计年鉴2013》。

表3-5 **2012 年末上海市及各区土地面积和人口数据**

地区	土地面积（平方公里）	各区面积比重（%）w_i	户籍人口（万人）	各区户籍人口比重（%）x_i	常住人口（万人）	各区常住人口比重（%）x_i
全市	**6340.50**		1426.93		**2380.43**	
浦东新区	1210.41	0.19	281.12	0.20	526.39	0.22
黄浦区	20.46	0.00	90.36	0.06	70.48	0.03
徐汇区	54.76	0.01	91.69	0.06	111.12	0.05
长宁区	38.30	0.01	62.65	0.04	69.73	0.03
静安区	7.62	0.00	30.10	0.02	25.58	0.01
普陀区	54.83	0.01	88.38	0.06	129.20	0.05
闸北区	29.26	0.00	68.69	0.05	84.61	0.04
虹口区	23.48	0.00	79.00	0.06	84.56	0.04
杨浦区	60.73	0.01	109.32	0.08	132.07	0.06
闵行区	370.75	0.06	100.12	0.07	250.80	0.11
宝山区	270.99	0.04	90.65	0.06	197.19	0.08
嘉定区	464.20	0.07	56.71	0.04	152.77	0.06
金山区	586.05	0.09	51.70	0.04	76.16	0.03
松江区	605.64	0.10	58.88	0.04	169.84	0.07
青浦区	670.14	0.11	46.50	0.03	116.98	0.05
奉贤区	687.39	0.11	52.53	0.04	112.99	0.05
崇明县	1185.49	0.19	68.54	0.05	69.96	0.03

资料来源：《上海统计年鉴2013》。

表 3 – 6 2012 年北京、上海常住人口和户籍人口相对于区域面积的泰尔指数

北京市		上海市	
常住人口	户籍人口	常住人口	户籍人口
1.015436	1.135426	0.51915	0.8167

资料来源：根据《北京统计年鉴 2013》和《上海统计年鉴 2013》相关人口和土地面积计算。

厦门市的城市建设重点过去一直集中在本岛上，岛内两个辖区城市环境优美，公共设施配套完善，集中了大部优质教育、医疗等公共服务设施，而岛外四区特别是郊区环境较差，公共设施配套不足，优质公共资源缺乏，造成人口往岛内集聚，人口密度数十倍于岛外地区。前面的数据分析表明，厦门人口在区域间分布不均衡的现象严重，而且户籍人口比常住人口分配更不均，这不仅在厦门，在北京、上海也是普遍存在的情况，根本原因在于户籍制度背后是与之挂钩的医疗、教育、社保、养老等方方面面的公共服务、社会资源等，而区域间公共服务供给的不均衡是人口向优势资源区域聚集，导致人口区域分布不均的主要原因。在厦门市社会经济岛内外一体化的发展战略中，应集中力量使经济发展逐步向"中间"地带转移，随着经济的发展，通过加速转移，逐步缩小岛内外区域发展的差距，这是均衡人口分布的重要前提。同时，厦门产业功能区的调整需要继续保持逐步完善的趋势，才有利于岛外人口聚集及人口素质的提高。

| 第四章 |

区域经济运行效率的测算方法

第一节　传统全要素生产率测算方法

一、全要素生产率的概述

　　经济增长是区域经济发展的基本目标之一，对促进经济增长因素的探索也是区域经济研究的重点。一般认为促进经济增长的因素可以分为三项：劳动力数量的增长、固定资本存量的增长及技术进步，这三项可以衡量各个地区的经济运行状况。从长期来看，由于劳动、资本生产要素投入都受到边际收益递减规律的制约，所以，技术进步是支持经济可持续增长的源泉。全要素生产率就是当前技术水平的衡量指标，已逐渐成为分析经济增长方式的重要工具，估算全要素生产率增长率即测度技术进步的程度有助于进行经济增长源泉分析和了解各生产要素对经济增长的贡献，为制定长期可持续增长政策提供重要依据。

　　全要素生产率理论是从生产率理论发展而来的，生产率理论是经济研究的基础，生产率是衡量产出（总产品）和投入（即生产要素，主要是劳动力和资本）之间关系的指标，它等于输出除以输入，衡量生产过程中投入转化为产出的效率。根据选取投入要素数量的不同，对生产率的研究主要可以分为两个方面：单要素生产率和全要素生产率。测算生产率

— 53 —

时，若单一地选取一种投入要素，以此计算出来的总产出与单一投入要素的比值称为单要素生产率。如劳动生产率的测算就是选取劳动作为投入要素计算得到的生产效率，它等于总产出除以劳动力数量。根据选取的单一投入要素种类的不同，单要素生产率还包括资本生产率、土地生产率等。单要素生产率不能表示生产效率的全部变化，应该把全部投入要素数量种类与总产出结合考虑，全部投入要素与总产出的比率才能反映生产率的真实水平。在实际的生产过程中往往都需要劳动、资本和土地等多种要素的共同投入，要素之间通过相互替代保持总产出不变，所以在新古典经济增长理论阶段，主要用全要素生产率来测算经济生产的效率。

全要素生产率（total factor productivity，TFP）是用整个经济的生产总产出除以总投入（如劳动力和资本）的加权平均值来衡量生产率的一种方法，比值是对生产过程中所有投入的产出效率的衡量。FTP 大于 1 表示实际产出的增长超过了劳动力和资本等投入的增加带来的增长，通常是技术创新或改进的结果。把经济产出与生产要素以及生产技术联系在一起，发展出的增长核算的技术，它把产出的增长分为三种不同的来源，包括要素的增加及技术的进步。这种划分提供了一个对技术变动率的衡量，衡量技术因素（"生产率"）和要素投入对产出增长的影响程度，被称为"增长来源分析"，是计算 TFP 增长率的知识框架。

二、基于国民核算方程的全要素生产率测算

根据国民收入核算恒等式，总产出等于消费者的支出和生产者的收入。在这个循环收入流模型中，产品市场决定了销售给消费者的商品和服务的价格（p_t）和数量（Q_t）。这些商品的总价值为 $p_t Q_t$，等于消费者的支出和生产者的收入。要素市场决定投入的数量（劳动力 L_t 和资本 K_t）以及相应的价格 w_t 和 r_t。对这些要素投入的支付 $w_t L_t + r_t K_t$ 形成生产者的

总成本和国民总收入。生产者一方的销售收入和成本相等，消费者一方的总收入和总支出相等，产品市场均衡，从而形成基本的 GDP 核算恒等式：

$$P_t Q_t = w_t L_t + r_t K_t \qquad (4-1)$$

实际上，这是对资本、劳动力和技术资源有限的经济体施加的预算约束。

　　然而，以当前价格计算的 GDP 显然不能准确衡量经济进步。经济的改善是基于消费的商品和服务的数量，而不是花费在这些商品上的金额。由方程（4-1）所衡量的市场经济活动总量可能仅仅因为价格的上涨或下跌而改变，因此它可能成为经济增长的误导性指标，需要以不变价格衡量经济活动总量，对公式（4-1）进行修正，使用某一基准年的价格来评估当前的产出和投入。

　　建立一个不变价格衡量的 GDP 核算恒等式看似简单，但有一个问题，如果报告期由于生产率比基期提高而使一定量的投入获得了更多的产出，则仍以基期不变价衡量的核算方程式（4-1）两边的投入和产出就不会相等，例如产出每年翻一番，而劳动力和资本保持不变，则等式左边是右边的两倍。因此，为了使核算恒等式的两边达到平衡，需要一个比例因子 S_t，则不变价格核算恒等式的正确表达式应该如式（4-2）所示。

$$p_0 Q_t = S_t (w_0 L_t + r_0 K_t) \qquad (4-2)$$

　　在基准年 0 中，比例因子的值 S_0 为 1，但随着时间的推移，资本和劳动力的生产率发生变化，S_t 大于或小于 1。事实上，如果方程（4-2）两边同除以 $(w_0 L_t + r_0 K_t)$，很显然，比例因子 S_t 就是产出除以全部要素投入总和的比例，得到以不变价格衡量的单位投入产出指数，S_t 大于 1 表示实际产出的增长超过了劳动力和资本等投入的增加带来的增长，说明生产率得到了提高，可用单位投入产出指数 S_t 作为全要素生产率的衡量，即：

$$TFP = S_t = \frac{p_0 Q_t}{w_0 L_t + r_0 K_t} \qquad (4-3)$$

单位投入产出指数 S_t（TFP 的衡量方法之一）可以看作是技术创新效益的衡量指标，增长核算主要是测量变量 S_t，并使用测算结果将实际产出的增长分解为投入增加导致的增长和生产率提高导致的增长（Griliches，1996）。

经济增长分析中更有意义的是看一段时期内的生产率增长，而不只是全要素生产率的绝对值。由式（4 – 3）可推出式（4 – 4）的全要素生产率指数（TFP Index）即衡量生产率提高程度的指标，是报告期 t 和基期 0 单位投入产出指数 S_t 和 S_0 之比。

$$TFP\ \text{Index} = \frac{S_t}{S_0} = \frac{\dfrac{p_0 Q_t}{w_0 L_t + r_0 K_t}}{\dfrac{p_0 Q_0}{w_0 L_0 + r_0 K_0}} = \frac{\dfrac{Q_t}{Q_0}}{\dfrac{w_0 L_t + r_0 K_t}{w_0 L_0 + r_0 K_0}} \qquad (4-4)$$

可以看出式（4 – 4）的全要素生产率指数是以常见的固定权重拉氏（Laspeyres，LP）指数的形式呈现的，这是一个广泛使用的指数公式（如应用于 CPI 的编制中）。

三、基于生产函数法的全要素生产率指数

索洛（Solow，1957）开创性地在生产函数和指数方法之间建立了理论联系，将总生产函数和生产率联系起来，推导出了全要素生产率指数的求解过程。他从具有希克斯中性（Hicks-neutral）（即不改变资本和劳动的边际产量之比率）技术进步和恒定规模收益的总生产函数开始：

$$Q_t = A_t F(K_t L_t) \qquad (4-5)$$

在这个公式中，生产函数并不是随时间不变的，A_t 为当前技术的衡量指标，实践中，技术进步改善了生产函数，对于给定的投入量，能生产更多的产出。一旦将生产函数写成这种形式，就可以清楚地看到，A_t 和前文

单位投入产出指数 S_t 的作用是相同的。希克斯技术效率 A_t 衡量在给定的劳动力和资本水平下生产函数的变化，A_t 被称为与"技术变化"联系在一起的全要素生产率（TFP），即：

$$TFP = A_t = Q_t / F(K_t L_t) \qquad (4-6)$$

相对于 S_t，A_t 是衡量全要素生产率更一般的指标，因为根据指数理论，具有拉氏指数性质的 S_t 通常存在相对价格替代偏差（Griliches，1996）。

利用式（4-6）计算相对希克斯效率 A_t/A_0，可得到生产函数法的全要素生产率指数（TFP Index）：

$$TFP \; \text{Index} = \frac{A_t}{A_0} = \frac{\dfrac{Q_t}{Q_0}}{\dfrac{F(L_t, K_t)}{F(L_0, K_0)}} \qquad (4-7)$$

索洛随后建立了索洛增长模型，解决了全要素生产率 A_t 测量的关键问题。如前所述，经济的增长不仅来源于资本、劳动等投入要素的增加，还包括技术进步的部分，也就是扣除要素投入增长后的剩下部分，这一差异部分被称为"索洛余值"，多数经济学家把这一体现技术效率变动的增长余值称为"全要素生产率增长率"。求解全要素生产率增长率的方法是基于对式（4-5）的生产函数对数形式求全微分，得到如下全微分方程：

$$\frac{\dot{Q}_t}{Q_t} = \frac{\partial Q}{\partial K}\frac{K_t}{Q_t}\frac{\dot{K}_t}{K_t} + \frac{\partial Q}{\partial L}\frac{L_t}{Q_t}\frac{\dot{L}_t}{L_t} + \frac{\dot{A}_t}{A_t} \qquad (4-8)$$

式（4-8）中，$\dfrac{\partial Q}{\partial K}\dfrac{K_t}{Q_t}$ 为资本的产出弹性系数，$\dfrac{\partial Q}{\partial L}\dfrac{L_t}{Q_t}$ 为劳动的产出弹性系数，则上式表明等式左边的实际产出增长率可以分解为资本和劳动力增长引起的增长（两者都由其产出弹性加权）和全要素生产率（希克斯效率）的增长率。前者的增长率表示沿着生产函数的移动，而后者的增长率是由于函数本身的移动造成的。

式（4-8）中的产出弹性不是直接可观测的，但如果每一项要素投入的价格都等于其边际产出，则各要素产出的弹性系数等于各要素的总报酬在总产出中的份额，是可以计算得到的，设资本和劳动报酬在总产出中的份额分别为 α 和 β，则增长核算方程为我们提供了总产品增长、劳动力和资本增长以及 TFP 增长之间的关系，则有：

$$\frac{\dot{A}_t}{A_t} = \frac{\dot{Q}_t}{Q_t} - \alpha \frac{\dot{K}_t}{K_t} - \beta \frac{\dot{L}_t}{L_t} \qquad (4-9)$$

式（4-9）中，$\frac{\dot{A}_t}{A_t}$ 即为索洛余值，是产出变动中不能由投入变动解释的部分，这是索洛分析的关键部分，$\frac{\dot{A}_t}{A_t}$ 即基于生产函数法的全要素生产率增长率的测度指标，一般用来作为希克斯（Hicksian）技术效率的增长率的度量。

索洛余值法的计算较为简单，但是也存在一定的缺陷，它是建立在规模报酬不变、完全竞争等假设前提条件下的，把余值部分全部作为全要素增长率的增长，以此来衡量技术进步的变化与实际情况存在一定差异。实践中，索洛余值 A_t 涵盖了许多元素，不仅包括我们所关心的技术和组织创新的影响，其他因素例如教育、管理水平、制度等也都会对产出产生影响，也可能包括模型测量误差、遗漏变量、模型设定偏误等我们不期望产生的影响。因此，生产函数法测量的全要素生产率体现了改变投入与产出之间关系的任何影响因素。

四、基于生产前沿面的全要素生产率测算

随机前沿分析法（SFA）和数据包络分析法（DEA）都是在构造生产前沿面的基础上评价生产单元的技术效率，以此来测算全要素生产率的一

种方法，所谓生产前沿是指在一定的技术水平下，各种比例投入所对应的最大产出集合。生产前沿根据是否已知生产函数的具体的形式分为参数方法和非参数方法，前者以随机前沿分析（stochastic frontier analysis，SFA）为代表，后者以数据包络分析（data envelope analysis，DEA）为代表。随机前沿分析法在传统的生产函数法基础上，描述一定的投入要素组合在一定技术条件下与最大可能产出之间的技术关系，并且能把个别样本达不到生产可能边界的原因归结为受随机扰动和技术非效率两个因素的影响，是比较不同样本点之间技术效率的有效方法。包络分析法（DEA）是一种非参数分析法，它可以衡量多投入与多产出的生产效率，基本原理是首先构建一个非参数的最佳生产前沿面，然后把其他的决策单元与最佳生产前沿面进行对比，进而计算它们的效率值。根据规模报酬是否变化，DEA模型可以分为两类：规模报酬不变的 CRS 模型和可变规模报酬的 VRS 模型。非参数的包络分析法避免了参数方法对具体设定函数模型的依赖，具有更广泛的适用性，近年来基于 DEA 方法测算全要素生产率的应用也越来越广泛。

第二节　基于 DEA 技术的 Malmquist 全要素生产率指数

一、全要素生产率增长（TFPG）的度量

全要素生产率增长（total factor productivity growth，TFPG）可分解为技术效率变化和技术变化，其中效率变化衡量的是对一定生产技术水平下的生产前沿面的"追赶"，技术变化衡量的是代表技术水平的生产前沿面的转移。技术效率的变化又可进一步分解为纯效率变化和规模效率变化。

生产率提高或下降的主要原因除了技术进步或退步外，还有经济活动的规模是否达到资源的优化配置，一个企业规模是否合适，若过大需要收缩，若过小需要扩张，这就需要测度规模效率。规模有效有利于各单位提高全要素生产率。

前述全要素生产率测算方法为长期以来学者们研究经济增长的来源以及区域之间生产率差异提供技术可行性，但这些方法都不能分解出技术效率变化和技术本身变化带来的全要素生产率水平的变化，同时也存在其他一些缺陷：基于国民核算方程的指数技术衡量全要素生产率及其变化需要关于价格和数量的数据，也需要关于生产者行为和技术结构的假设；生产函数法通常基于最常见的柯布—道格拉斯生产函数，该函数需要引入一些限制性假设，如不变的要素生产弹性，希克斯中性的技术变化，同时不能处理多产出的问题，需要先综合成一个单一的产出指标。与之形成鲜明对比的是，卡夫（Caves）等 1982 年提出的 Malmquist 生产率指数是一种规范性测度，该方法使用数据包络分析（DEA）构建样本中每个时期代表技术水平的分段线性生产前沿，并使用距离函数来评价比较不同投入产出组合数据点相对生产前沿面的生产效率。Malmquist 全要素生产率指数正通过计算两个数据点相对于一种通用技术的距离的比率来衡量两个数据点之间的 TFP 变化从而衡量全要素生产率的增长（Indrajit Bairagya，2011）。

使用 DEA 技术计算 Malmquist TFP 指数来衡量全要素生产率增长的一个主要优点是，这些方法不需要价格数据，也不依赖于具体的生产函数形式，不受规模报酬不变的条件约束，这是一个明显的优势，是当前应用最广泛的全要素生产率的测算方法。相对于传统 TPF 的测算方法，Malmquist TFP 指数本身就是一个动态衡量指标，该指数的计算结果本身就主要是全要素生产率增长（TFPG）或者全要素生产率变化的衡量指标。

在介绍 Malmquist TFP 指数计算之前，我们首先对 DEA 方法进行简要描述。

二、数据包络分析方法（DEA）

DEA 是一种线性规划方法，它使用一系列生产单元的大量投入和产出数据在数据点上构造分段线性曲面。该边界曲面是由一系列线性规划问题的解构造的——每个解对应样本中一个单元。每个生产单元技术效率的高低（观测数据点与边界之间的距离）是前沿边界构建方法的副产品。

DEA 既可以是投入导向的，也可以是产出导向的。对每个生产单元来说，在输入导向的情况下，保持产出不变，DEA 方法通过寻求最大可能的投入减少比例来定义边界；而在以输出为导向的情况下，保持投入不变，DEA 方法寻求产出的最大比例增长。在保持规模报酬不变（constant returns to scale，CRS）时，上面两种导向的求解方法得到相同的技术效率得分，但假设规模报酬可变（variable returns to scale，VRS）时，效率得分是不相等的。

1. 规模报酬不变（CRS）下产出导向的 DEA 模型

我们先介绍采用 CRS 技术条件下输出导向（即从一组给定的投入中最大化产出）的 DEA 方法。

如果有特定时间段 N 个生产单元的数据，每个生产单元以 K 种投入要素生产 M 种产出，在以产出为导向的 DEA 模型中，第 i 个生产单元所要解决的线性规划（linear programming，LP）问题如下：

$$\max_{\phi,\lambda}\phi,$$
$$st - \phi y_i + Y\lambda \geq 0,$$
$$x_i - X\lambda \geq 0, \tag{4-10}$$
$$\lambda \geq 0$$

公式（4-10）中：

y_i 是 M×1 产出向量，代表第 i 个生产单元 M 种产出的产量；

x_i 是 K×1 投入向量，代表第 i 个生产单元 K 种投入的数量；

Y 是 M×N 产出矩阵，是所有 N 个生产单元的 M 种产出数量；

X 是 K×N 投入矩阵，是所有 N 个生产单元 K 种投入的数量；

λ 是 N×1 的权重向量，是构造最优投入产出组合的权重向量；φ 是一个常数标量。

需要注意的是，φ 将取一个大于或等于 1 的值，而 φ−1 代表第 i 个生产单元在保持投入量不变的情况下可实现的产出增加比例，可见线性规划目标值 φ 的倒数 1/φ 代表第 i 个生产单元的产出与生产前沿的产出的比例，即为第 i 个生产单元的技术效率（technical efficiency，TE）的衡量，1/φ 的数值大于 0 且小于 1。

对样本中每个生产单元求解一次，即一共求解 N 次上述线性规划（LP）问题，每一个 LP 的解产生一个 φ 值和一个 λ 向量。参数 φ 提供有关第 i 个生产单元的技术效率评分信息、向量 λ 提供了决定第 i 个生产单元生产前沿面的其他相关单元的最优线性组合的权重信息。

上述 DEA 求解问题可以用一个简单的例子来说明。在这个例子中，假设我们有 5 个生产单元生产 2 种产品（y_1 和 y_2），每个生产单元都有相同的投入向量，所有可能的产出组合由这 5 个生产单元在图 4−1 的相对产出位置体现。

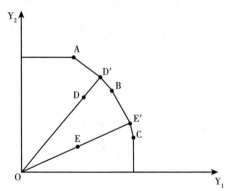

图 4−1 规模报酬不变（CRS）产出导向 DEA

从图 4-1 中可以看出，A、B 和 C 是有效率的生产单元，他们界定了生产前沿边界，在投入一定的条件下产出不能再增加了。D 和 E 是相对效率低下的生产单元，因为 D、E 两点的产出在投入不变的前提下可以等比例扩大到生产前沿边界上的 D'和 E'。则对于生产单元 D，技术效率 $1/\varphi$ 得分为：

$$TE_D = OD/OD'$$

决定 D 点技术前沿面的生产单元是 A 和 B，则 D 点的线性规划求解具有与 A 和 B 相关的非 0 权重向量 λ。

对生产单元 E 的线性规划求解同样有与生产单元 B 和 C 有关的非 0 权重向量 λ，由生产单元 B 和 C 各产出的线性组合决定了 E 点的生产前沿面，其技术效率 $1/\varphi$ 得分等于：

$$TE_E = OE/OE'$$

可以看出，落在生产前沿面上的 A、B、C 三个生产单元其 DEA 求解的技术效率得分等于 1。

2. 可变规模报酬（VRS）下投入导向的 DEA 模型

可变规模报酬（VRS）条件下的线性规划问题比式（4-10）不变规模报酬（CRS）条件下的 LP 问题求解多了一个约束条件：$\sum_{j=1}^{n} \lambda_j = 1 (\lambda \geq 0)$。假设共有 n 个生产单元，每个单元 j 使用 m 种投入要素 $x_i (i=1, 2, \cdots, m)$，生产 q 种产出 $y_r (r=1, 2, \cdots, s)$，则基于投入导向的生产单元 j_0 的线性规划问题为：

$$\min \theta$$

$$\text{st } \sum_{j=1}^{n} \lambda_j x_{ij} \leq \theta x_{ij_0}, i = 1,2,\cdots,m$$

$$\sum_{j=1}^{n} \lambda_j y_{rj} \geq y_{rj_0}, r = 1,2,\cdots,s \qquad (4-11)$$

$$\sum_{j=1}^{n} \lambda_j = 1$$

$$\lambda_j \geq 0, j = 1,2,3\cdots,n$$

求解上式的线性规划问题得到的 θ_j 表示生产单元 j 的技术效率值，其范围为 $(0, 1]$。当 $\theta_j = 1$，生产单元是最有效。当 $\theta_j < 1$ 时，可以通过将生产单元的投入缩小为原来的 θ 倍而保持产出不变，因此该生产单元是无效的。

可变规模报酬（VRS）模型下的技术效率是纯技术效率，因此可以把技术效率分解为纯技术效率和规模效率的乘积，我们以图 4-2 来说明可变规模报酬（VRS）条件下投入导向 DEA 的技术效率分解。

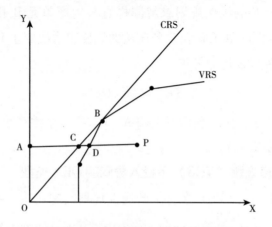

图 4-2　可变规模报酬（CRS）投入导向 DEA

图 4-2 中横轴 X 代表投入，纵轴 Y 代表产出。线段 OB 所在的直线 CRS 是规模报酬不变条件下的生产函数，线上的点为技术有效的（如 C 点），线右面边的点是技术无效的（如 P 点），P 点和 C 点同样产出 OA，但 P 点投入 AP 大于 AC，P 点的技术效率为 AC/AP < 1，是技术无效率的。线段 DB 所在的折线 VRS 是可变规模报酬下的生产函数，线上的点为技术有效的（如 D 点），同理，线右边的点为技术无效的（如 P 点），因为同样产出 OA，P 点的投入 AP 显然大于在当前的技术水平和规模水平下的最小投入 AD，可变规模报酬下 P 点的技术效率等于 AD/AP < 1，也是技术无效率的。可以看出，D 落在 VRS 生产函数上，是可变规模报酬条件下技术有效的，但落在 CRS 生产函数的右边，相对于不规模报酬条件

下 C 点是无效效率的，无效率部分 CD 就是由规模效率不足的部分，因此可以用 AC/AD 来测量规模效率。进一步分析，P 点的无效率一方面是由于相对于当前生产规模下的技术前沿的无效率（称为纯技术无效），另一方面是由于当前生产规模相对于最优生产规模的无效率导致的。因此，P 点的技术效率可以分解为纯技术效率和规模效率，从而分析技术无效的原因：

$$(AC/AP) = (AD/AP) \times (AC/AD)$$

综上，规模效率是在可变规模报酬条件上才存在，因此，运用可变报酬（VRS）DEA 模型的基本思想是分析技术无效的根本原因，有如下关系：

不变报酬技术效率 = 可变报酬技术效率（纯技术效率）× 规模效率

可以看出，图 4-2 中 C 点和 B 点即是纯技术有效也是规模有效的，D 点是纯技术有效但却是规模无效的，P 点既纯技术无效同时也是规模无效。

三、Malmquist TFP 指数

1. 基于距离函数的 Malmquist TFP 指数的构造

Malmquist 全要素生产率指数（TFP Index）顾名思义是衡量全要素生产率变动指标，是测算全要素生产率增长的重要依据。Malmquist TFP 指数是使用距离函数定义的。距离函数可以在不需要具体说明行为目标（如成本最小化或利润最大化）的情况下，描述多具有投入多产出的生产技术，从而定义投入距离函数或产出距离函数。给定一个产出向量，投入距离函数通过观察投入向量可以收缩到原始向量的最小比例来表征现有生产水平与前沿生产技术水平的关系；给定一个投入向量，产出距离函数通

过考虑产出向量可以扩大到原始向量的最大比例,以此来衡量现有技术与前沿技术的关系。下面以产出距离函数为例说明 Malmquist TFP 指数的度量方法。

一种生产技术可以用生产可能集 $P(x)$ 来定义,生产可能集 $P(x)$ 表示可以由投入向量 x 生产的所有产出向量 y 的集合,即:

$$P(x) = \{y : x \text{ 可以生产 } y\}$$

在生产可能集 $P(x)$ 上定义产出距离函数为:

$$d_o(x, y) = min\left\{\delta : \left(\frac{y}{\delta}\right) \in P(x)\right\} \qquad (4-12)$$

上述距离函数中,如果产出向量 y 和 $\frac{y}{\delta}$ 都是生产可能集 $P(x)$ 的一个元素,则最小的 δ 意味着 $\frac{y}{\delta}$ 最大,$\frac{y}{\delta}$ 代表当前生产技术下的前沿产出水平,则 $d_o(x, y)$ 的值将小于或等于 1,衡量的是当前产出向量 y 与生产可能集里最大可能产出水平 $\frac{y}{\delta}$ 的比例,该比例为当前生产的技术效率,和线性规划式 (4-10) 中的解的倒数 $1/\varphi$ 意义相同。可以使用类似 DEA 的方法来计算的距离函数的测量值,这些稍后将进行讨论。

Malmquist TFP 指数测量两个生产点之间的 TFP 变化,即通过计算每个生产点与生产技术前沿水平的距离的比率,来衡量特定的地区或生产单元在两个相邻的时间段内的全要素生产率的变化,法勒等 (Fare et al., 1994) 给出了以产出为导向的基期 s 和报告期 t 的 Malmquist 全要素生产率变化指数,公式如下:

$$m_o(y_s, x_s, y_t, x_t) = \left[\frac{d_o^s(y_t, x_t)}{d_o^s(y_s, x_s)} \times \frac{d_o^t(y_t, x_t)}{d_o^t(y_s, x_s)}\right]^{1/2} \qquad (4-13)$$

式中,符号 $d_o^s(y_t, x_t)$ 表示在时期 t 的生产点相对于时期 s 技术水平的距离函数，即时期 t 的生产水平相对于时期 s 生产前沿的技术效率值；$d_o^t(y_t, x_t)$ 时期 t 的生产水平相对于时期 t 生产前沿的技术效率值，以此类推。$\dfrac{d_o^s(y_t, x_t)}{d_o^s(y_s, x_s)}$ 表示同一生产点在不同时期相对于时期 s 生产前沿的技术效率值的比值，大于 1 说明技术效率进步，小于 1 说明时期 t 技术效率比时期 s 退步。同理，$\dfrac{d_o^t(y_t, x_t)}{d_o^t(y_s, x_s)}$ 则表示同一生产点在不同时期相对于时期 t 生产前沿的技术效率值的变化。注意，方程（4-13）实际上是两个 TFP 指数的几何平均值。第一个是相对于 s 期技术的评价，第二个是相对于 t 期技术的评价。则 Malmquist TFP 指数 m_o 的值大于 1，表示从 s 时期到 t 时期 TFP 正增长，而小于 1 则表示 TFP 下降。

2. 距离函数求解

如前所述，我们可以使用类似 DEA 的线性规划方法来得到计算 Malmquist TFP 指数所需的距离度量。对于第 i 个地区或生产单元，根据式（4-13）我们必须计算四个距离函数来测量两个时期 s 和 t 之间的 TFP 变化，这就需要解决四个线性规划问题。法勒等（Fare et al.，1994）在他们的分析中假设使用不变规模报酬（CRS）的生产技术，则需要解决的线性规划问题如下：

$$
\begin{aligned}
&\left[d_o^t(y_t, x_t)\right]^{-1} = max_{\phi,\lambda}\phi, \\
&-\phi y_{it} + Y_t\lambda \geq 0, \\
&x_{it} - X_t\lambda \geq 0, \\
&\lambda \geq 0,
\end{aligned}
\tag{4-14}
$$

$$
\begin{aligned}
&\left[d_o^s(y_s, x_s)\right]^{-1} = max_{\phi,\lambda}\phi, \\
&-\phi y_{is} + Y_s\lambda \geq 0, \\
&x_{is} - X_s\lambda \geq 0, \\
&\lambda \geq 0,
\end{aligned}
\tag{4-15}
$$

$$[d_o^t(y_s,x_s)]^{-1} = max_{\phi,\lambda}\phi,$$

$$-\phi y_{is} + Y_t\lambda \geq 0,$$

$$x_{is} - X_t\lambda \geq 0, \qquad\qquad (4-16)$$

$$\lambda \geq 0,$$

$$[d_o^s(y_t,x_t)]^{-1} = max_{\phi,\lambda}\phi,$$

$$-\phi y_{it} + Y_s\lambda \geq 0,$$

$$x_{it} - X_s\lambda \geq 0, \qquad\qquad (4-17)$$

$$\lambda \geq 0,$$

以上四个线性规划问题中，计算所得的距离函数即为不同时期和标准下的技术效率值，和式（4-10）中线性规划的解的倒数 $1/\varphi$ 意义相同。

值得注意的是，在线性规划式（4-16）和式（4-17）中，生产点是与来自不同时间段的技术进行比较，因此与在计算以产量为导向的标准技术效率时不同，φ 不需要一定大于或等于 1。生产点可以位于生产边界之上，这最有可能发生在式（4-17）中，在这里，t 时期生产点的技术效率是与较早时期 s 的技术相比较得到的，如果已经发生了技术进步，则有可能出现一个值为 $\varphi < 1$，即 t 时期生产点相对 s 时期技术水平测算的技术效率大于 1，同样，如果出现技术倒退，也可能在式（4-16）的线性规划中发生所测量的技术效率大 1 的情况。

3. Malmquist TFP 指数的分解

式（4-13）的 Malmquist 全要素生产率指数可以写成式（4-18）的形式：

$$m_o(y_s,x_s,y_t,x_t) = \frac{d_o^t(y_t,x_t)}{d_o^s(y_s,x_s)}\left[\frac{d_o^s(y_t,x_t)}{d_o^t(y_t,x_t)} \times \frac{d_o^s(y_s,x_s)}{d_o^t(y_s,x_s)}\right]^{1/2} \quad (4-18)$$

式（4-18）中，括号外的比例 $\dfrac{d_o^t(y_t,x_t)}{d_o^s(y_s,x_s)}$ 是产出导向下时期 s 和 t 相

对于各自时期技术水平衡量的技术效率的变化。括号中 $\dfrac{d_o^s(y_t, x_t)}{d_o^t(y_t, x_t)}$ 是时其 t 的生产点相对于两个不同时期技术前沿的技术效率的变化，衡量的是两个不同时期技术水平的变化，$\dfrac{d_o^s(y_s, x_s)}{d_o^t(y_s, x_s)}$ 同样以时期 s 相对两个不同时期技术前沿的技术效率的变化来衡量技术水平的改变，括号里的值是两个技术变化指数的几何平均数，用来衡量不同时期技术进步的变化。

可见，Malmquist TFP 指数在规模报酬不变（CRS）的条件下可以分解为技术效率变化指数和技术进步指数，从而了解全要素生产率的变化是由生产单元的技术效率变化还是技术进步变化所引起。

在规模报酬可变（VRS）的条件下，Malmquist 指数中的技术效率变化指数 $\dfrac{d_o^t(y_t, x_t)}{d_o^s(y_s, x_s)}$ 可以进一步分解为纯技术效率变化指数和规模效率变化指数，纯技术效率变化指数剔除了规模报酬不变条件对生产效率变化产生的影响，反映了要素投入之间的有效配置情况；规模效率变化指数表示的是生产单元的生产规模与最优生产规模的相对距离，即反映了生产单元的生产规模是否最佳（杨文爽，2017）。

Malmquist TFP 指数可以由 MATLAB 软件包中全要素生产率工具箱计算实现，计算包括主要的全要素生产率指数及其分解项，软件包基于谢泼德（Shephard）距离函数和使用数据包络分析编程技术，允许选择投入或产出导向的距离函数，选择参考时期（基期、比较期、或二者的几何平均数），规模报酬（可变或常数）和具体分解项。对应于传统 TFP 经典定义构造的拉氏（laspeyres，LP）指数等也可以利用 MATLAB 软件包进行计算。

第三节　区域经济运行效率的实证研究

一、基于索洛余值法的经济增长动力结构分析

本节以厦门市经济增长的要素贡献分析为例说明索洛余值法在测算全要素生产率增长率中的应用。要想经济发展取得长足进步，明确努力的方向，我们运用实证分析方法研究影响厦门市经济增长的因素，找出着力点。

如前所述传统经济理论认为总产出是由资本投入、劳动力投入和广义技术进步这三大要素所决定的，并且在生产过程中资本和劳动可以以一定比率相互替换，这三者之间的比例结构即构成一个地区一定时期的生产要素动力结构。资本投入和劳动力投入可以根据统计年鉴数据直接或者间接得到，而对于测度广义技术进步，这里采用前文介绍的索洛生产函数法进行计算。假定规模收益不变，并且技术进步为希克斯中性，则采用最广泛应用的柯布—道格拉斯生产函数形式：

$$Y_t = A_t K_t^{\alpha} L_t^{\beta}$$

其中，Y_t 表示 t 年的总产出，A_t 表示 t 年的技术水平，K_t 和 L_t 分别表示 t 年的资本投入和劳动力投入。方程两边取自然对数，即得到了有关生产函数的对数形式：

$$\ln Y_t = \ln A_t + \alpha \ln K_t + \beta \ln L_t$$

使用 Eviews 软件进行回归即可得到产出对资本的弹性 α 以及对劳动力的弹性 β，再利用经济增长速度方程可以计算出全要素生产率（TFP）增长率 a：

$$a = y - \alpha k - \beta l$$

上式中，y、k、l 分别为 GDP 增长率、资本增长率和劳动力增长率。一般认为全要素生产率（TFP）可以反映出技术进步、组织创新、专业化和生产创新等等，作为经济增长的要素之一，至此则可以全面分析资本、劳动力和 TFP 对于产出增长的贡献率。

运用上述方法，对厦门经济特区 1985～2013 年的全要素生产率增长率进行测算并分析各要素增长率对经济增长的贡献。产出数据来源于历年的《厦门经济特区年鉴》，并以基于 1952 年的不变价格进行换算以便进行比较。劳动力数据应该是每年贡献的有效劳动力，理论上涉及劳动力的质量和劳动效率，但鉴于数据的可得性，这里仅使用历年《厦门统计年鉴》中的全社会年末从业人员数作为劳动力投入的度量。至于资本投入，由于未有公布的历年资本存量的数据，所以只能进行估计，我们使用较常用的永续盘存法，即：

$$K_t = I_t + (1 - \delta)K_{t-1}$$

该方法的思路是本期的资本存量应等于上一期的资本存量去除折旧，再加上本期的投资。其中涉及折旧率的选取，考虑到厦门市各行业发展情况，这里选用 10% 的折旧率（龚六堂，谢丹阳，2004）；每一期的投资采用《厦门经济特区年鉴》中的固定资产投资总额；另将 1985 年作为基期，参考已有的文献，这里就是用 1985 年的投资除以折旧率（10%）及 1985～2013 年的投资平均增长率（15%）之和，即 $K_0 = \dfrac{I_0}{g + \delta}$，这样则可以得到各期的资本存量数据。估计所用数据均在可比价值基础上进行计算，得到 Y_t、K_t、L_t 数据。

运用 Eviews 软件通过不同参数选项的模拟以及经济意义的比较分析后，得出 1985～2013 年厦门市索洛生产函数的形式如下：

$$\ln Y_t = 6.436 + 0.298\ln K_t + 0.138\ln L_t$$

$$(9.77) \quad (6.07) \qquad (3.45)$$

$$R^2 = 0.999 \quad F = 6866.669 \quad DW = 1.6$$

从回归结果看，拟合的效果还是比较理想的。由此根据经济增长速度方程利用表4-1数据可以求得全要素生产率增长率：

$$a = y - 0.298k - 0.318l$$

表4-1   GDP 及各生产要素增长率

年份	GDP 增长率	资本增长率	就业人员增长率	TFP 增长率
2006	0.172	0.299	0.086	0.071
2007	0.17	0.321	-0.006	0.075
2008	0.135	0.216	0.068	0.061
2009	0.08	0.147	0.14	0.017
2010	0.151	0.139	0.169	0.086
2011	0.151	0.119	0.172	0.092
2012	0.121	0.134	0.1	0.067
2013	0.094	0.113	0.007	0.059

资料来源：根据《厦门经济特区年鉴2014》计算所得。

继而各要素增长率对经济增长的贡献率也可以求得，如资本贡献率 $=0.298k/y$，劳动贡献率 $=0.138l/y$，全要素生产率贡献率 $=a/y$，见表4-2。

表4-2   各生产要素增长对 GDP 增长率的贡献率   单位:%

年份	资本贡献率	劳动力贡献率	TFP 贡献率
2006	51.80	6.90	41.30
2007	56.27	-0.49	44.22
2008	47.68	6.95	45.37
2009	54.76	24.15	21.09
2010	27.43	15.45	57.12
2011	23.48	15.72	60.80
2012	33.00	11.40	55.59
2013	35.82	1.03	63.15

资料来源：根据表4-1计算所得。

表4-2为各生产要素增长对GDP增长率的贡献率。图4-3是根据表4-2绘制的各生产要素贡献率，可以看到资本增长对经济增长的贡献率和全要素生产率的增长贡献一直高于劳动力投入的贡献率，劳动力已不再是经济增长的重要驱动力。2010年以后，全要素生产率的增长贡献开始远超过资本增长的贡献，占经济增长的60%左右，说明技术进步生产创新等因素（TFP）在"十二五"期间开始对厦门经济增长产生积极作用。要进一步提高全要素生产率，必须进一步完善市场经济制度，创造更加公平生动的市场经济环境，由此营造出有利于技术进步的制度环境，充分发挥大中小企业的积极性和创造性；另外，政府仍需加大对教育和科技的投入，积极支持高等院校与企业的合作研发，在资源有限的前提下，努力做到不断提高科技对于经济发展的贡献程度。

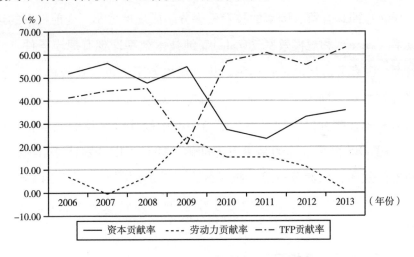

图4-3　各要素对GDP增长率的贡献率

二、基于DEA模型的工业企业技术创新效率分析

技术创新对企业来说很重要，而科学的技术创新效率评价尤为关键，众多学者在该领域做出了相当的贡献。接下来以厦门市各区工业企业技术

创新效率评价为例，说明如何运用 DEA 方法进一步探讨区域技术创新效率的差距，找出效率不足的原因及调整方向，为提高区域技术创新效率提供决策依据。

如前所述，数据包络分析（简称 DEA）适用于对具有多投入和多产出的决策单元间的相对有效性问题进行综合评价。该方法的绝对优势在于无须确定投入与产出之间的生产函数，无须对指标数据进行无量纲化处理，无须主观赋权，具有很强的客观性，因而更能客观反映企业自主创新的努力程度。根据假设前提的不同，DEA 的分析模型可分为不变规模报酬（CRS）模型和可变规模报酬（VRS）模型：前者是在规模报酬不变的约束条件下进行相对有效性评价，无法判断技术无效的部分是技术水平的原因还是规模过大或过小导致的生产效率低下；后者是把不变报酬技术效率（crste）即综合所有因素的技术效率分解成规模报酬可变前提下的纯技术效率（vrste）和规模效率（scale）。纯技术效率即现有规模条件下的技术效率，没有考虑规模是否达到最优，规模效率衡量企业规模是否合适，则综合技术效率即不变报酬条件下的技术效率 crste = vrste × scale。在实际的运用中，两种模型的差异在于当样本中被评价对象的规模相差很大时，采用 VRS 模型计算的结果更为准确，并且可以分别计算出纯技术效率和规模效率，以此分析综合技术效率无效的原因。本书采用 VRS 模型对厦门市各行政区的工业企业自主创新的有效性及效率情况进行对比分析。

1. 评价指标体系构建

本节在此依据评价体系设计遵循的科学性、重点突出和数据可获得性等原则的基础上，参考已有文献中评价企业自主创新能力的常用指标，结合实际资料，构建企业创新效率评价指标体系，它包括创新投入与创新产出两个方面，具体如表 4 - 3 所示。

表 4-3　　　　　　　　　　　企业自主创新效率的评价体系

创新投入指标	科技活动人员占从业人员比重（X_1）
	开发新产品经费占新产品产值的比重（X_2）
	R&D 人员折合全时当量合计（X_3）
	研发经费内部支出（X_4）
	研发经费占主营业务收入比重（X_5）
	技术改造经费支出（X_6）
创新产出指标	申请专利数（Y_1）
	新产品销售收入（Y_2）
	新产品销售收入占主营业务收入比重（Y_3）
	新产品产值占工业总产值的比重（Y_4）

2. 评价结果分析

利用 DEAP2.1 软件运用前文介绍 DEA 模型方法对 2013 年厦门市 6 个区的工业企业创新投入产出数据进行分析计算，得到各区的综合效率、纯技术效率、规模效率，见表 4-4。

表 4-4　　　　　　　2013 年各地区全部工业企业创新效率评价结果

地区	综合技术效率（crste）	纯技术效率（vrste）	规模效率（scale）
思明区	1.000	1.000	1.000
海沧区	1.000	1.000	1.000
湖里区	1.000	1.000	1.000
集美区	0.924	0.940	0.982
同安区	1.000	1.000	1.000
翔安区	0.858	0.986	0.870

当综合技术效率（crste）最优值为 1 时，即达到了 DEA 有效，同时说明该地区自主创新方面既是技术有效，也是规模有效的，表明这个地区工业企业的创新绩效高。相反，crste 值不为 1，表明该地区工业企业创新效率不高，投入资源利用率低。从表 4-4 可以看出，各地区综合效率值差别不大，在所评价的 6 个区中，有 4 个处于的生产技术前沿面上，而且同时是技术有效和规模有效的，即处于规模报酬不变阶段，集美区和翔安

区的综合效率值小于1，说明这两个区工业企业自主创新处于DEA无效状态。

　　具体看集美区的纯技术效率和规模效率值也都小于1，说明不论是技术方面还是资源配置上，都没有达到有效的组合和配置，即不仅科技投入没有达到最佳规模，而且对科技投入资源的利用率也没有达到最优。纯技术效率与资源配置因素无关，而是完全由技术因素导致的效率水平，可以看出，集美区的纯技术效率值为0.94，排在6区的最后一位，表明集美区的投入资源使用相对其他区是无效率的，也就是说，集美区工业企业创新投入的资源没有得到充分利用，存在较大的浪费，投入产出效率低，纯技术效率值小于规模效率值，说明纯技术无效是造成创新技术综合效率低的主要原因。此外，集美区的处于规模收益递减的规模无效阶段，因此企业在技术创新过程中如果不提高技术的有效性，而仅仅依靠大量的资源投入，不但造成严重的资源浪费，而且不能使企业在竞争中占据优势。

第五章

多指标综合评价法在区域经济
分析比较中的应用

第一节　多指标综合评价的基本要素步骤

　　第三章介绍的区域经济差异评价方法是基于单项经济指标空间聚集程度的测度来衡量，此方法适用于对单指标的区域差异进行评价，事实上社会经济发展水平是多维度的，区域经济相关的某个特定问题可能需要从多个方面指标进行描述，需要借助多指标综合评价方法才能对相关区域经济问题进行全面的分析评价。

　　如何把各个单项评价指标所提供的信息综合起来，得到一个综合评价值，以此进行区域经济相关问题的整体性评价，这是典型的多指标综合评价问题。常见的多指标综合评价法主要有利用多元统计分析中的主成分分析和因子分析的原理进行的综合评价以及层次分析法、模糊综合评价法、灰色关联度分析法等，所有这些方法均涉及多指标综合评价方法的一些基本要素，如评价指标体系的建立、指标数据预处理和权重系数的设置原理思路等问题，本节在此将对多指标综合评价的基本方法步骤进行简要介绍①。

---

① 曾五一. 统计学 [M]. 北京：中国金融出版社，2006：288 - 311.

一、评价指标体系构建

根据区域经济问题统计评价的目的，选择合适的统计指标，建立一个能够从不同角度、不同侧面反映评价对象主要特征的评价指标体系。评价指标体系的建立，需要以相关的经济理论为基础，以定性分析为主，定量分析为辅（即从数据本身所提供的信息出发，在已有指标体系的基础上进行比较选择），此外应遵循的一些基本原则包括：整体性原则；可比性原则；可操作性原则，即要求指标体系中的每一个指标都必须能够及时搜集到准确的数据，但当遇到相关指标没有现成统计资料可获取时，不能"一删了之"，这会损害评价结论的科学性，而应该以科学的态度去寻找替代指标、寻找专门调查搜集数据的途径、寻找统计估算的方法（苏为华，2001）；导向性原则，即确保被选择的指标具有持续性、导向性功能，如区域经济发展水平评价的目的不是单纯评出名次及优劣的程度，更重要的是通过评价指标的合理设置引导经济资源的合理分配，因此应使评价指标发挥提高资源利用效率的导向功能。

二、数据预处理

根据评价指标体系搜集数据并进行数据评估和必要的统计估算，是实施综合评价的基础。但构成指标体系的各个指标其指标类型、计量单位及数量级别之间往往是不同的，直接对搜集到的指标值进行综合是没有意义也不合理的，因此，必须对各指标的实际值进行规范化处理，使之转化为具有可比性的指标评价值，在此基础上才能进行综合汇总。评价指标的规范化主要包括两方面内容：一是评价指标类型的一致化。评价指标体系中的指标，有些是取值越大越好，我们称之为正指标，人均 GDP；有些是取值越小越好，我们称之为逆指标，如污染物排放量；还有些指标是取值越接近某一确定的数值越好，我们称之为适度指标。在对各指标进行综合之前，必须将不同类型的指标都转化成正指标或逆指标，否则，就无法判定最后的综合评价值是越大越好还是越小越好，从而无法对评价对象进行优劣比较。二是评价指标的无量纲化和指标测度数量级无差别化，一般采用的方法是数据标准化进行预处理。

三、评价指标赋权

相对于某种评价目的来说，各评价指标间的相对重要性是不同的，评价指标之间的这种相对重要性大小，可用权重系数来刻画。一般要求各指标权数归一化处理后之和等于100%。指标权数的确定方法有两大类：主观赋权法和客观赋权法。前者主要是利用专家群的知识和经验来确定各指标的权数，后者则是从客观的统计数据出发，根据各指标所提供的信息量大小来确定权数。熵值法就是一种常见的客观赋权法，下面以熵值为例说明客观赋权法的一般步骤。

"熵"的概念源自热力学，熵值法是对系统状态不确定性的一种度量，对样本中被评价对象分别对应的数个评价指标赋予权重，同一指标之间的差异程度与权重成正比，即差异越大，其对应的权重越大。熵值法权重的确定过程主要分为以下几个步骤，分别为：

（1）原始评价指标数据矩阵的构建。原始矩阵 $A = (a_{ij})_{p \times q}$，首先假定系统中有 p 个供评价的对象，每个被评价对象分别选取了 q 个评价指标，那么被评价的对象 A_p 相对于评价指标 A_q 的数值记为 $a_{ij}(i=1, 2, \cdots, p; j=1, 2, \cdots, q)$，进而形成了 $p \times q$ 的原始矩阵 $A = (a_{ij})_{p \times q}$，$a_{ij}$ 即第 j 个评价指标项下的第 i 个被评价对象的数值。

（2）对原始矩阵的初始数据进行标准化处理，一般采用的方法是标准差标准化进行无量纲转化，记标准化后的矩阵为 $A' = (a'_{ij})_{p \times q}$。

（3）计算矩阵元素的比重。

设"第 j 个评价指标、第 i 个被评价对象"对应的矩阵元素的比重为 V_{ij}，则：

$$V_{ij} = \frac{a'_{ij}}{\sum\limits_{i=1}^{p} a'_{ij}}, \quad 0 \leqslant V_{ij} \leqslant 1 \qquad (5-1)$$

（4）计算熵值。

这一步骤计算的是第 q 项评价指标的熵值 Q_j，计算公式为：

$$Q_j = \frac{-1}{\ln(m) \sum\limits_{i=1}^{p} V_{ij} \ln V_{ij}} \qquad (5-2)$$

（5）计算差异系数。即计算第 j 项评价指标的差异系数 d_j，$d_j = 1 - Q_j$。

（6）确定各指标熵值的权重大小。

$$w_j = \frac{d_j}{\sum\limits_{j=a}^{q} d_j} \qquad (5-3)$$

四、指标评价值综合

在确定了指标体系和各指标权数的基础上，就要采用一定的方法把各指标的评价值综合成为一个整体的评价值。对各指标评价值进行综合的方法有多种，最基本的一种，就是要构造一个综合评价模型（函数）：

$$y_i = f(w, x_i) \quad (i = 1, 2, \cdots, n) \qquad (5-4)$$

其中，y_i 为各评价对象的综合评价值；

$w = (w_1, w_2, \cdots w_m)'$ 为指标权重向量（共有 m 个指标）；

$x_i = (x_{i1}, x_{i2}, \cdots, x_{im})'$ 为第 i 个被评价对象的指标评价值向量。

以区域经济综合评价为例，就是根据上式的函数形式以各单项经济指标的评价值为自变量，计算各地区经济发展水平的综合评价值 y_i，即得到综合评价的结果，据此可对各地区的经济发展水平进行整体性的比较和排序。苏为华（2001）将这种综合评价模型称为"效用函数综合评价法"以和"多元统计综合评价法"及"模糊综合评价法"进行区别，并对该方法的评价效率和准确性给予了肯定。

第二节　因子分析在综合评价中的方法应用

事实上，应用多元统计分析方法中的因子分析或主成分分析进行综合评价时也遵循上述多指标综合评价的一般要素步骤，我们将在第本节和第三节应用因子分析法对地区技术创新能力和地区城乡一体化水平进行分析和比较，具体方法将结合实证分析过程加以介绍。

一、因子分析简介

在研究区域社会经济发展中，描述社会与经济现象的指标很多，过多的指标容易导致分析过程复杂化。一种合适的做法就是从这些关系错综复杂的社会经济指标中提取少数几个主要因子，每一个主要因子都能反映相互依赖的社会经济指标间共同作用，抓住这些主要因素就可以帮助我们对复杂的社会经济发展问题进行深入分析、合理解释和正确评价。因子分析（factor analysis）正是基于这种降维、简化数据的技术思路进行多指标综合评价的方法。

因子分析它通过研究众多变量之间的内部依赖关系，探求观测数据中的基本结构，提取相关关系的变量之间潜在的共同影响因素，从而以最少的信息损失量将原始变量用少数几个主要的抽象因子来表示。原始的变量是可观测的显在变量，而因子一般是不可观测的潜在变量，每一个变量都可以表示成公共因子的线性函数与特殊因子之和，因子分析的数学模型如下：

$$X_i = a_{i1}F_1 + a_{i2}F_2 + a_{i3}F_3 + \cdots + a_{in}F_n + \varepsilon_i \qquad (5-5)$$

其中，X_i 代表标准化处理后的原始变量，F_j 为公因子变量，ε_i 为特殊因子。a_{ij} 为因子载荷，代表原始量 X_i 与各公共因子 F_j 之间的相关系数，是解释公共因子含义的主要依据。可以证明，公因子 F_j 的方差 $G_j^2 = \sum_{i=1}^{p} a_{ij}^2$，$p$ 为原始变量的个数。G_j^2 为公共因子 F_j 对所有原始变量方差的贡献，即 G_j^2 表示同一个公共因子 F_j 对各变量所提供的方差贡献之总合，它是衡量每一个公共因子相对重要性的一个尺度。

本节将结合厦门市地区技术创新能力差异的分析评价介绍因子分析的方法应用，主要包括以下几处步骤。

（1）原始数据的无量纲化处理。

（2）计算标准化指标数据的相关矩阵特征值和特征向量。

（3）计算标准变量的方差贡献率与累积方差贡献率。

（4）确定因子：设 F_1，F_2，$\cdots$，F_n 为 n 个因子，其中前 m 个因子包含的数据信息的累积贡献率不低于 80% 时，可取前 m 个因子来反映原评价指标。

（5）因子旋转：若所得的 n 个因子其实际意义不是很明显，则需将因子进行进一步旋转以获得较为明显的实际意义。

（6）计算因子得分。采用线性回归估计法，Thomson 估计法或 Bartlett 估计法计算因子得分，即以公因子变量对 p 个原始变量做回归，估计出因子得分系数 b_{jp}，则有因子得分估计表达式：

$$\hat{F}_j = b_{j1} X_1 + b_{j2} X_2 + \cdots b_{jp} X_p \qquad (5-6)$$

（7）计算综合得分。以旋转后各因子的方差贡献率占所选主要因子总方差贡献率的比重为权重，由各因子的线性组合得到综合评价指标函数，加权汇总得到各区技术创新能力的综合得分进行评价排序。

$$F = W_1(W_1 + W_2 + \cdots + W_m) \times F_1 + W_2/(W_1 + W_2 + \cdots + W_m) \times$$

$$F_2 + \cdots W_m/(W_1 + W_2 + \cdots + W_m) \times F_m$$

其中，W_i 为旋转前或旋转后因子的方差贡献率。

（8）分析评价。利用综合得分高低进行排序并根据因子含义分析差异的原因。

二、因子分析在地区技术创新能力比较评价中的应用

目前国内关于企业技术创新能力评价的研究颇多，运用的方法主要包括因子分析法、模糊综合评价法、层次分析法、线性加权法等，并且都取得了不错的效果。另外，不管是何种方法指标的选取至关重要，科学合理的指标体系不仅能够更加全面、专业地反映影响工业企业技术创新的各方面，而且得出的分析结果也会具有较强的政策导向意义。

1. 评价指标体系构建

关于企业技术创新能力指标体系的构建，虽然众多学者已经达成了一定的共识，但对具体的分类细节仍然存在着分歧。因此在总结分析已有的相关文献的基础上，按照科学性、系统性、层次性、导向性和可操作性等原则建立适当的指标体系。指标体系分为 3 个层次：目标层、准则层和指标层，共计 4 类 20 项评价指标。准则层包括技术创新投入能力、技术创新产出能力、技术创新环境支撑能力和企业自主开发意向度四个方面。指标既有总量、存量等绝对指标，也有比例等相对指标。具体如表 5-1 所示。

表 5 –1 企业自主创新能力评价指标体系

目标层	准则层	指标层	代码
企业技术创新能力评价体系	技术创新投入能力	R&D 经费支出（万元）	A_1
		新产品开发支出（万元）	A_2
		科技活动人员合计（人）	A_3
		高中级技术人员占比（%）	A_4
		仪器设备原价（万元）	A_5
		引进、消化改造新技术支出（万元）	A_6
	技术创新产出能力	有效发明专利数（件）	B_1
		拥有注册商标数（件）	B_2
		新产品产值（万元）	B_3
		新产品产值占工业总产值比（%）	B_4
		新产品销售收入（万元）	B_5
		新产品收入占主营业务收入比（%）	B_6
	技术创新环境支撑力	工业总产值（万元）	C_1
		利润总额（万元）	C_2
		研发企业数（个）	C_3
		政府部门科技支持资金（万元）	C_4
		研究开发费用扣除减免税（万元）	C_5
		高新技术企业减免税（万元）	C_6
	企业自主开发意向度	R&D 项目数（个）	D_1
		新产品开发项目数（个）	D_2

表 5 – 1 中，企业技术创新投入是企业应用于技术创新方面的各种投入，直接影响到企业的技术创新水平，也直接决定企业技术创新能力的大小，以技术创新投入角度，分为资金、人员、设备三方面。技术创新产出能力反映各种要素组合产生的实际成效，是评价企业自主创新能力最直接、最重要的指标，包括有效发明专利数、新产品销售收入、新产品产值等。技术创新环境支撑力是企业充分发展自主创新的重要保障，可以分为行业环境和政策环境，行业环境来自工业行业总体发展情况以及行业技术创新发展情况，政策环境则由政府决定，而政策导向往往对市场发展起到

风向标的作用。企业自主开发意向度为本部分的一点创新，我们认为只有企业有着自主开发意向时，才会进行创新要素的投入，从而获得相应的产出，也就是说企业所有的投入活动以及相应的产出皆来自企业自主开发的意向，在这里我们用 R&D 项目数与新产品开发项目数作为代表。

根据以上评价指标对厦门市各区技术创新能力进行分析评价，厦门市各区的数据来源于《厦门经济特区年鉴 2014》与 2013 年厦门市各区第三次经济普查。因子分析的结果均由 SPSS Statistics V22.0 软件进行运算得出。

2. 主要公共因子提取

确定公因子的个数时通常采用累计方差贡献率（常采用累计贡献率 ≥70%）或特征根（常采用特征根≥1）两种方法来进行主因子个数的确定，此处将这两种方法结合使用。通过软件可以方便地得到各因子的方差贡献率（见表 5 - 2）。

表 5 - 2　　　　　　　　　　特征根和总方差分解

公因子	初始特征根			提取载入的公因子		
	合计	方差贡献率（%）	累积方差贡献率（%）	合计	方差贡献率（%）	累积方差贡献率（%）
1	12.744	63.719	63.719	12.744	63.719	63.719
2	3.463	17.317	81.037	3.463	17.317	81.037
3	2.147	10.737	91.774	2.147	10.737	91.774
4	1.439	7.197	98.971	1.439	7.197	98.971
5	0.206	1.029	100.000			
6	0.000	0.000	100.000			

注：根据《厦门经济特区年鉴 2014》数据进行表 5 - 1 评价指标体系的因子分析结果。限于篇幅，仅截取前面部分 6 个因子的数据。

通过表 5 - 2 我们可以知道前两个主要因子可以解释累积 81.037% 的总方差变异，不过按照上述确定主因子个数的特征值 > 1 的原则，此处选取前 4 个因子作为影响原始评价指标的主要因素，即提取 4 个公共因子

F_1、F_2、F_3、F_4作为评价厦门市各区技术创新能力的主要潜在指标。

同时，由于原始因子载荷矩阵的解释性不理想，有些变量在多个公共因子上都有较大的载荷，有些公共因子对许多变量的载荷也不小，说明它对多个变量都有较明显的影响作用，很难对因子的实际背景进行合理的解释。需要进行因子旋转使原有因子变量更具有可解释性，即让每个变量仅在一个公共因子上有较大的载荷，而在其余的公共因子上的载荷比较小，这时就突出了每个公共因子和其载荷较大的那些变量的联系，该公共因子的含义也就能通过这些载荷较大变量做出合理的说明，这样也显示了该公共因子的主要性质。在这里使用方差最大正交旋转法使公共因子相对负荷的方差之和最大，得到了旋转后的载荷矩阵见表5-3。

表5-3　　　　　　　　　　旋转后因子载荷矩阵

	成分			
	1	2	3	4
工业总产值	0.953438	0.286635	0.042261	0.040244
新产品销售收入	0.92067	0.099075	0.074569	0.342772
新产品产值	0.917912	0.106851	0.096384	0.3434
研究开发费用加计扣除减免税	0.883721	-0.035781	0.431421	0.165589
新产品开发支出	0.879831	0.261257	0.355531	0.174844
引进、消化改造新技术支出	0.846589	0.344547	0.360593	0.178198
R&D经费支出	0.823588	0.410636	0.336716	0.183627
高新技术企业减免税	0.708187	0.222783	0.640382	0.196831
利润总额	0.683108	0.662472	0.19314	0.235715
R&D项目数	0.130802	0.985996	-0.008456	-0.038623
新产品开发项目数	0.270729	0.952699	0.04034	0.129809
仪器设备原价（万元）	0.035869	0.821427	0.399719	-0.295821
研发企业数	0.327879	0.727159	0.602428	0.019967
有效发明专利数	0.56565	0.674924	0.444978	0.09978
政府部门科技支持资金	0.132522	0.019573	0.982671	0.092036
科技活动人员合计	0.376884	0.376128	0.844511	0.054599
拥有注册商标数	0.635952	0.172768	0.691418	0.233811

	成分			
	1	2	3	4
新产品产值占工业总产值比	0.305178	−0.172585	0.27949	0.893548
新产品收入占主营业务收入比	0.395052	−0.126545	0.171953	0.892555
高中级技术人员占比	0.149735	0.537862	−0.182314	0.809324

第一主因子 F_1 在 9 个指标中因子载荷较大，主要包括：工业总产值、新产品销售收入、新产品产值、新产品开发支出、R&D 经费支出等方面。上述指标主要反映了两方面的内容：一方面体现了地区工业发展基础，另一方面体现了企业技术创新投入与企业技术创新产出之间关联，因此第一主公共因子 F_1 可概括为"工业基础与创新转化因子"。

第二主公因子 F_2 在 R&D 项目数、新产品开发项目数、仪器设备原价、研发企业数、有效发明专利数方面因子载荷高于其他指标，上述指标代表地区工业企业技术创新水平和规模的差异，因此第二公因子 F_2 可概括为"技术创新意识与研发规模因子"。

第三公因子 F_3 在政府部门科技支持资金、科技活动人员合计、拥有注册商标数方面因子载荷显著，上述指标反映了政府和企业在科技活动中人力与财力的投入，是技术创新的科技支撑的体现，将注册商标数这一指标考虑在内，因此第三公因子 F_3 可概括为"科技与专利支撑因子"。

第四公因子 F_4 在新产品产值占工业总产值比、新产品收入占主营业务收入比、高中级技术人员占比三个指标上因子载荷高于其他指标，上述因子主要代表了工业创新产出质量以及人力资本质量，因此第四公因子 F_4 可概括为"工业发展创新质量因子"。

3. 计算因子得分和综合得分

通过公共因子与原始变量的关系，可以利用软件方便地估计各主要因子在各样本单位上的得分，即因子得分，作为各样本在该公共因子变量上的取值。通过计算我们可以得到厦门市六个行政区的 F_1、F_2、F_3、F_4 等 4

个主因子的分值，继而再将这 4 个主因子的方差贡献率作为权重，可以计算出厦门市各区技术创新综合竞争力评价得分，如表 5－4 所示。

表 5－4　　　　　　　　　　厦门市各区技术创新能力评价的得分

地区	综合得分	Z1 得分	Z2 得分	Z3 得分	Z4 得分
湖里区	1.14	1.69	0.09	－0.32	0.90
翔安区	0.27	0.54	－1.13	－0.17	－1.04
海沧区	－0.14	－0.15	1.85	－0.32	－0.51
集美区	－0.16	－0.27	－0.02	2.01	0.20
同安区	－0.48	－0.65	－0.33	－0.53	－0.94
思明区	－0.63	－1.15	－0.45	－0.68	1.39

从综合得分来看，厦门市各区的技术创新能力从高到低排名依次是：湖里区、翔安区、海沧区、集美区、同安区、思明区。这一结果我们用 GIS 软件 arcview3.3 展示如图 5－1 所示，事实上可以发现工业企业技术创新能力与地理空间上的关联性并未显示出绝对的正向传导效应，相反可能由于虹吸效应以及集聚效应的存在相邻区域的工业企业创新能力并不趋同。

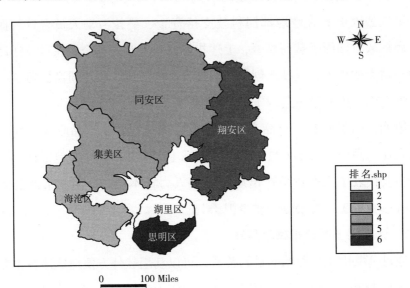

图 5－1　厦门市各区自主创新能力排名情况

第三节　地区城乡一体化进程差异的因子分析

城乡发展一体化是工业化和城市化发展的较高阶段，既是生产力发展到一定阶段的历史产物，也是统筹城乡经济社会发展、城乡居民共同发展、人与自然和谐发展的重要阶段。是在保持城乡发展特色和功能分工的前提下，打破城乡二元经济结构、推动城乡互动发展，促进城乡人口、资源、技术等诸多要素的相互融合，逐步实现城乡经济、社会、文化、生态等各方面协调发展的过程。可见城乡一体化涉及方方面面指标，通过因子分析在众多评价指标中提取影响城乡一体化进程的主要影响因素，是因子分析方法进行多指标区域经济差异综合评价的优势。国内城乡一体化水平较高及获得一定成功经验的主要城市包括苏州市、中山市、成都市和嘉兴市以及厦门市，通过与这些城市的城乡一体化水平做对比分析，可以更好地观察所研究地区城乡一体化发展水平及存在的差距。本节以厦门市集美区为例，研究该地区城乡一体化的发展水平与先进地区的差异，通过因子分析法寻找差距和不足的原因。

一、构建城乡一体化指标体系

城乡一体化评价指标体系是由一组既相互联系又相互独立，并能采用量化手段进行量化的指标所构成的有机整体，是一个根据城乡关系融合的终极目标为基础而建立起来的反映城乡关系发展程度和水平的指标集合。评价指标体系设计应能够全面、准确、科学地反映城乡一体化的发展状态并进行综合评价和判断，体现城乡相互融合、发展的水平。主要表现在以下几方面：

第一，城乡经济一体化。城乡经济一体化是实现城乡发展一体化的基础条件，是城市和农村在平等的经济制度下，各种生产要素与资源在城乡之间自由流动，通过优势互补、相互协作，实现以城带乡、以乡促城的城乡经济共同、协调的良性交互循环发展。

第二，城乡公共服务一体化。城乡公共服务一体化是城乡发展一体化的表现结果和价值取向，是指城乡之间社会事业的共同协调发展，使城乡居民在教育、医疗、文化、社会保障和民政工作等诸多公共服务方面享受同等待遇，最大限度地缩小城乡差距，让城乡居民能够共享高度发展的物质文明和精神文明。

第三，城乡居民生活一体化。城乡居民生活一体化是实现城乡一体化的必然要求，是指城乡居民生活方式、生活质量和生活水平的协调发展，通过缩小城乡居民生活水平差距，实现城乡居民生活的一体化发展。

第四，城乡生态环境一体化。城乡生态环境一体化是城乡发展一体化的重要保障，将城市和农村的生态环境纳入到同一系统中进行综合考虑、全面治理，形成城乡生态环境高度融合、城乡经济社会和生态环境协调发展的生态格局，使城市与农村、人与自然协调发展、和谐共进。

根据城乡一体化的内涵，遵循评价指标体系构建的原则以及数据的可获得性，建立表5-5的城乡一体化指标评价体系，分为统筹城乡经济发展、公共服务、人民生活、生态环境四个方面的21项指标。具体指标解释见表中说明。

表5-5 地区城乡发展一体化评价指标体系

一级指标	二级指标		指标属性	指标内涵
	序号	指标名称		
统筹城乡经济发展	1	人均地区生产总值（X_1）	正	经济发展水平
	2	城镇化率（X_2）	正	人口融合程度
	3	城乡二元结构系数（X_3）	逆	经济二元性情况
	4	人均财政收入（X_4）	正	地方财力水平
	5	二三产业增加值占地区生产总值比重（X_5）	正	产业结构优化
	6	二三产业从业人员比重（X_6）	正	就业结构优化

续表

一级指标	二级指标		指标属性	指标内涵
	序号	指标名称		
统筹城乡公共服务	7	财政支出中用于"三农"的比重（X_7）	正	支农力度
	8	人均财政性教育经费支出（X_8）	正	教育资源占有
	9	每万人执业医师数量（X_9）	正	医疗资源占有
	10	养老保险覆盖率（X_{10}）	正	社会保险覆盖情况
	11	每百人公共图书馆藏书（X_{11}）	正	文化资源占有
	12	城乡最低生活保障比（X_{12}）	逆	社会救助情况
统筹城乡人民生活	13	城乡居民人均纯收入比（X_{13}）	逆	收入水平差异
	14	城乡居民人均消费支出比（X_{14}）	逆	消费水平差异
	15	城乡教育文化娱乐费支出比（X_{15}）	逆	享受性消费差异
	16	城乡恩格尔系数比（X_{16}）	逆	消费结构现代化水平
	17	公路网密度（X_{17}）	正	交通网覆盖程度
统筹城乡生态环境	18	工业废水排放达标率（X_{18}）	正	生态环境优美
	19	工业固体废物综合利用率（X_{19}）	正	环境保护程度
	20	建成区绿化覆盖率（X_{20}）	正	绿化程度
	21	人均公共绿地面积（X_{21}）	正	生活环境美化

　　由于原始数据存在着计量单位和指标属性的不一致，为消除量纲和类型不一致带来的影响，使数据具有可比性，在使用因子分析方法前，必须将评价指标的不同类型转化成同类型和进行无量纲化处理。目前，学者们普遍采用的指标无量纲化方法有：标准化处理法、目标值设定法、极值或均值比较法等。其中，标准化处理法处理后的数据能够较真实反映原始指标之间的关系，但标准化后的预测准确率可能比没有处理前的预测准确率低；目标值设定法在很多情况下目标值的设定会和当地政府工作目标相关联，但带有一定主观性和不稳定性，且各个地区由于自然条件、经济发展水平和城乡差别水平不同，设定的目标值自然各不相同，因而，若通过该方法，不同地区的城乡一体化水平将难以比较。而极值或均值比较法能够避免目标值设定法的主观性，既可以反映原始数据中各指标变异程度上的差异，也可以反映包含各指标相互影响程度差异的信息。因而，本研究选择

均值化的方法对原始数据进行无量纲化处理。对原始数据处理的具体方法为:

$$x_i' = \begin{cases} \dfrac{x_i}{\bar{x}}, 正指标 \\[4mm] \dfrac{\bar{x}}{x_i}, 逆指标 \end{cases}$$

其中,x_i' 表示均值化后的数据,i 表示指标。

二、地区城乡一体化水平的比较与差异分析

1. 数据来源与处理

本书对 2014 年厦门市、苏州市、中山市、成都市、嘉兴市以及厦门市集美区的城乡一体化发展水平做对比分析,基础数据来源于各市区及所在省的 2015 年统计年鉴、《中国城市统计年鉴 2015》以及《中国统计年鉴 2015》,各项具体指标值均在相关统计数据基础上依据计算公式整理所得。原始数据经均值化处理后的数据得分见表 5-6。

表 5-6　　　　　　　　评价指标均值化处理后指标评价分值

指标	地区					
	集美区	成都市	中山市	苏州市	嘉兴市	厦门市
人均地区生产总值（X_1）	0.802	0.942	0.996	1.460	0.825	0.975
城镇化率（X_2）	0.966	0.952	1.191	0.989	0.801	1.101
城乡二元结构系数（X_3）	6.643	0.404	1.067	0.898	0.927	4.060
人均财政收入（X_4）	0.786	1.230	0.452	1.453	0.712	1.367
第二三产业增加值占地区生产总值比重（X_5）	1.017	0.985	0.998	1.007	0.978	1.015
第二三产业从业人员比重（X_6）	1.059	0.886	1.011	1.024	0.962	1.057
财政支出中用于"三农"的比重（X_7）	0.852	1.079	1.507	0.917	1.281	0.364
人均财政性教育经费支出（X_8）	1.032	0.668	1.186	1.013	0.872	1.228
每万人执业医师数量（X_9）	0.533	0.778	1.153	1.173	1.187	1.177

续表

指标	地区					
	集美区	成都市	中山市	苏州市	嘉兴市	厦门市
养老保险覆盖率（X_{10}）	1.582	0.777	1.054	0.850	0.811	0.925
每百人公共图书馆藏书（X_{11}）	0.493	0.999	0.609	1.414	1.210	1.275
城乡最低生活保障比（X_{12}）	0.574	2.426	2.567	2.533	2.827	0.370
城乡居民人均纯收入比（X_{13}）	1.057	0.825	1.835	0.939	1.089	0.761
城乡居民人均消费支出比（X_{14}）	1.402	0.760	1.126	0.904	1.194	0.878
城乡教育文化娱乐费支出比（X_{15}）	1.057	0.831	1.198	1.091	1.477	0.703
城乡恩格尔系数比（X_{16}）	0.948	1.090	1.037	0.929	0.935	1.091
公路网密度（X_{17}）	0.783	1.029	0.801	1.553	1.127	0.707
工业废水排放达标率（X_{18}）	1.082	0.981	1.013	0.863	1.017	1.044
工业固体废物综合利用率（X_{19}）	1.012	1.051	0.788	1.057	1.036	1.057
建成区绿化覆盖率（X_{20}）	1.064	0.805	1.007	1.044	1.044	1.037
人均公共绿地面积（X_{21}）	1.028	0.978	1.275	1.262	1.003	0.454

2. 因子分析实证结果

同第二节中介绍的因子分析的步骤，得到方差分解如表5-7所示，可以看出，前4个主因子可以解释累积80%以上的总方差变异，根据上述确定主成分个数的原则，此处选取前5个因子作为评价指标的主成分。

表5-7　　　　　　　　公因子的特征值、贡献率和累积贡献率

解释的总方差									
成分	初始特征值			提取载入的公因子			旋转后提取载入的公因子		
	合计	方差贡献率（%）	累积方差贡献率（%）	合计	方差贡献率（%）	累积方差贡献率（%）	合计	方差贡献率（%）	累积方差贡献率（%）
1	6.998	33.322	33.322	6.998	33.322	33.322	5.257	25.035	25.035
2	5.727	27.269	60.591	5.727	27.269	60.591	5.047	24.034	49.069
3	3.562	16.964	77.556	3.562	16.964	77.556	4.012	19.105	68.174
4	3.058	14.561	92.116	3.058	14.561	92.116	3.562	16.964	85.138
5	1.656	7.884	100.000	1.656	7.884	100.000	3.121	14.862	100.000
6	0.000	0.000	100.000						
7	0.000	0.000	100.000						

注：根据表5-6指标评价值进行的因子分析结果，限于篇幅，仅截取前面7个因子的数据。

　　同样地，为便于对各因子载荷进行合理的解释，根据方差最大化法对因子进行进一步旋转，得到旋转后的因子载荷矩阵如表5-8所示。

表5-8　　　　　　　　　旋转后的因子载荷矩阵

指标	成分				
	1	2	3	4	5
人均地区生产总值（X_1）	0.209	-0.08	0.939	-0.115	0.234
城镇化率（X_2）	0.526	0.476	0.069	-0.701	0.038
城乡二元结构系数（X_3）	0.636	-0.26	-0.439	0.079	-0.573
人均财政收入（X_4）	0.051	-0.801	0.467	-0.355	0.11
第二三产业增加值占地区生产总值比重（X_5）	0.869	-0.203	0.086	-0.231	-0.379
第二三产业从业人员比重（X_6）	0.988	-0.006	-0.033	0.127	-0.086
财政支出中用于"三农"的比重（X_7）	-0.501	0.806	0.095	0.297	0.047
人均财政性教育经费支出（X_8）	0.922	0.265	-0.104	-0.142	0.221
每万人执业医师数量（X_9）	0.159	0.136	0.213	0.019	0.954
养老保险覆盖率（X_{10}）	0.506	0.175	-0.286	0.199	-0.769
每百人公共图书馆藏书（X_{11}）	-0.072	-0.606	0.391	0.04	0.688
城乡最低生活保障比（X_{12}）	-0.647	0.435	0.443	0.255	0.363
城乡居民人均纯收入比（X_{13}）	0.112	0.989	-0.041	0.072	0.049
城乡居民人均消费支出比（X_{14}）	0.326	0.354	-0.388	0.676	-0.401
城乡教育文化娱乐费支出比（X_{15}）	-0.18	0.475	0.015	0.838	0.2
城乡恩格尔系数比（X_{16}）	-0.155	-0.028	-0.333	-0.919	0.139
公路网密度（X_{17}）	-0.265	-0.198	0.839	0.387	0.194
工业废水排放达标率（X_{18}）	0.178	0.081	-0.94	-0.004	-0.28
工业固体废物综合利用率（X_{19}）	-0.148	-0.972	0.095	0.154	-0.024
建成区绿化覆盖率（X_{20}）	0.802	0.05	-0.045	0.576	0.14
人均公共绿地面积（X_{21}）	-0.225	0.645	0.591	0.356	-0.237

　　由表5-8可以看出，第一，主因子F_1在城乡二元结构系数、第二三产业增加值占地区生产总值比重、第二三产业从业人员比重、人均财政性教育经费支出、城乡最低生活保障比、建成区绿化覆盖率这6个指标上载荷显著。且主要是与产业结构、就业结构以及教育、福利等密切相关的指

标，因而将第一主因子命名为产业就业结构和教育福利因子。第二，主因子 F_2 在人均财政收入、财政支出中用于"三农"的比重、城乡居民人均纯收入比、工业固体废物综合利用率、人均公共绿地面积这 5 个指标上有较大载荷，且这些指标主要反映了财政收入和分配以及环境治理上，故将其命名为财政和环境资源因子。第三，主因子 F_3 在人均地区生产总值、公路网密度、污水处理率这 3 个指标上载荷较大，主要反映了经济发展水平和基础设施建设，故命名为经济发展水平和基础设施建设因子。第四，主因子 F_4 在城镇化率、城乡居民人均消费支出比、城乡教育文化娱乐费支出比、城乡恩格尔系数比这 4 个指标上载荷明显，主要与人口融合、消费水平以及生活质量相关，因而命名为人口和生活质量因子。第五，主因子 F_5 在每万人执业医师数量、养老保险覆盖率、每百人公共图书馆藏书这 3 个指标上载荷较大，主要反映了社会保障和文化服务方面，故命名为社会保障因子。

根据 SPSS Statistics V22.0 给出的因子得分系数矩阵（见表 5 - 9）。根据公式（5 - 6）通过因子得分系数和表 5 - 6 中指标评价值的标准化变量可以计算每个观测值的各因子得分数，见表 5 - 10。

表 5 - 9　　　　　　　　　　因子得分系数矩阵

指标	成分				
	1	2	3	4	5
人均地区生产总值（X_1）	0.092	0.025	0.293	- 0.062	- 0.055
城镇化率（X_2）	0.111	0.158	0.09	- 0.243	- 0.005
城乡二元结构系数（X_3）	0.083	- 0.067	- 0.039	0.044	- 0.133
人均财政收入（X_4）	0.021	- 0.132	0.133	- 0.073	- 0.045
第二三产业增加值占地区生产总值比重（X_5）	0.16	- 0.013	0.135	- 0.069	- 0.142
第二三产业从业人员比重（X_6）	0.206	0	0.035	0.053	0.034
财政支出中用于"三农"的比重（X_7）	- 0.087	0.152	0.019	0.027	- 0.015
人均财政性教育经费支出（X_8）	0.207	0.072	- 0.023	- 0.03	0.163
每万人执业医师数量（X_9）	0.101	0.032	- 0.086	0.04	0.396

指标	成分				
	1	2	3	4	5
养老保险覆盖率（X_{10}）	0.056	0.024	0.053	0.031	−0.251
每百人公共图书馆藏书（X_{11}）	0.035	−0.125	−0.013	0.07	0.238
城乡最低生活保障比（X_{12}）	−0.091	0.083	0.066	0.037	0.055
城乡居民人均纯收入比（X_{13}）	0.037	0.208	0.013	−0.038	0.034
城乡居民人均消费支出比（X_{14}）	0.045	0.023	−0.072	0.189	−0.055
城乡教育文化娱乐费支出比（X_{15}）	−0.007	0.043	−0.063	0.236	0.118
城乡恩格尔系数比（X_{16}）	−0.052	0.042	−0.099	−0.262	0.061
公路网密度（X_{17}）	−0.009	−0.043	0.218	0.097	−0.056
工业废水排放达标率（X_{18}）	−0.014	−0.012	−0.264	0.029	0.052
工业固体废物综合利用率（X_{19}）	−0.037	−0.218	−0.011	0.105	−0.022
建成区绿化覆盖率（X_{20}）	0.188	−0.022	−0.037	0.198	0.15
人均公共绿地面积（X_{21}）	−0.027	0.135	0.242	0.021	−0.208

表5－10　2014年各市区城乡一体化水平各因子的得分、综合得分及排名情况

地区	F_1	排名	F_2	排名	F_3	排名	F_4	排名	F_5	排名	F综合	排名
集美区	0.657	2	−0.125	3	−0.529	4	0.627	2	−1.745	6	−0.120	4
成都市	−1.652	6	−0.387	5	0.078	2	−1.013	6	−0.505	5	−0.739	6
中山市	0.272	4	1.940	1	−0.042	3	−0.501	4	0.274	3	0.482	1
苏州市	0.402	3	−0.380	4	1.921	1	0.358	3	0.203	4	0.467	2
嘉兴市	−0.720	5	−0.091	2	−0.682	5	1.502	1	0.959	1	0.065	3
厦门市	1.041	1	−0.957	6	−0.746	6	−0.973	5	0.815	2	−0.156	5

按照旋转后各因子对应的方差贡献率为权重，根据各公因子得分及其方差贡献率构建综合评价指数得分函数：

$$F = 0.25F_1 + 0.24F_2 + 0.191F_3 + 0.17F_4 + 0.149F_5$$

计算得出的各市区城乡一体化水平的综合得分及排名情况（见表5－10）。

3. 地区城乡一体化水平的差异分析

由表5－10可以看出，从综合得分上看，2014年进行对比的各市区

城乡一体化发展水平排名由高到低依次是：中山市、苏州市、嘉兴市、集美区、厦门市和成都市。相比较，集美区城乡一体化发展水平处于中等偏下水平，排名第四。下面以厦门市集美区为例具体分析各因子得分情况。

第一，从产业就业结构和教育福利因子 F_1 来看，集美区相比处于较好的水平，在各市区中排名第二。根据因子 F_1 的主要载荷指标，从表5-6 中可以看出，2014 年城乡二元结构系数的指标评价值为 6.643，远高于其他地区，该数值越大，表示城乡差距越小，二元经济特征越不明显。2014 年集美区第二、三产业增加值占 GDP 比重的指标评价值为 1.017，是比较对象中最高的，但是第二产业增加值比重大于第三产业，而其他市第三产业占比较高，说明集美区产业结构仍需不断调整和优化。此外，第二、三产业从业人员比重的指标评价值为 1.059，表明集美区一产从业人员较少，就业结构不断改善。"十二五"期间，集美区在绿化建设方面成效显著，2014 年建成区绿化覆盖率的指标评价值为 1.064，在各市区中也是得分最高的。但是，在教育福利方面，人均财政性教育经费支出和城乡最低生活保障比方面与其他区相比则存在较大差距，表明集美区在教育投入和社会事业方面还存在较大不足。

第二，从财政和环境资源因子 F_2 上看，集美区排名第三，处于中等偏上水平，低于中山市和嘉兴市。结合其载荷指标，2014 年人均财政收入指标评价值为 0.786 元，排名第四，与苏州市的 1.453 元相差巨大。再者，2014 年集美区财政支出中用于"三农"的比重指标评价值为 0.852，而除了厦门市外，其他市基本都在 0.9 以上，更明显落后于中山市的1.507，表明集美区财政中用于"三农"比重较低，还需继续加大支农投入力度。而在城乡居民人均收入比指标评价值上，集美区为 1.057，排名第三，表明集美区城乡居民收入相比其他地区差距较小，但与中山市的1.835 相比差距则较大，还需继续努力缩小。此外"十二五"期间集美区在环境保护和治理方面取得了一些成绩，但是工业固体废物综合利用率、人均公共绿地面积等指标与得分最高的中山市相比较仍然不突出，仍需优化改善。

第三，从经济发展水平和基础设施建设因子 F_3 上看，集美区排名位于中等偏下水平，排在第四。通过其载荷指标分析，2014 年集美区人均 GDP 评价值为 0.802 元，不仅落后于其他地区，而且与苏州市的 1.460 相差甚远，表明集美区经济综合发展水平偏低，经济规模小，经济实力和整体发展还需重点推进。再者，在公路网密度、污水处理率等城乡基础设施建设指标方面，公路网密度评价值为 0.783，与其他地区相比不突出，搭建沟通城乡发展的交通平台交通对于推进城乡一体化发展至关重要，说明集美区在大力发展经济的同时，也要加大对城乡交通基础设施建设的强度；而在工业废水排放达标率指标上表现突出，为 1.082，远远大于其他地区，近年来，集美区在推进城乡发展中注重城乡环保及污水治理，城乡污水处理能力不断提升。

第四，从人口和生活质量因子 F_4 来看，集美区也是处于较好的位次，排在第二。由载荷指标可以看出，"十二五"期间集美区城镇化率水平不断提高，由 2014 年的指标评价值达 0.966，农村人口逐步向城镇聚集、融合，但与城镇化率最高的中山市指标评价值 1.191 相比，还是有很大距离。此外，集美区城乡居民人均消费支出比、城乡教育文化娱乐费支出比、城乡恩格尔系数比相比也处于较好的水平，表明集美区农村居民生活、消费水平均得到不同程度的提高。

第五，从社会保障因子 F_5 上看，集美区最不理想，排名最后。通过其载荷指标分析，集美区养老保险覆盖率较高，但每万人执业医师数量与其他区相比存在较大差距，说明集美区在关乎民生的医疗保障方面存在较大不足。再者，每百人公共图书馆藏书也落后于其他地区，表明集美区在公共文化服务能力提供方面力度不够。

此外，因子分析综合得分显示集美区所在的厦门市的城乡一体化水平也落后于其他地区，厦门市城乡一体化发展直接表现为厦门岛内外一体化发展，而厦门岛内已基本实现城市化，这说明岛外经济社会发展仍比较落后，岛内外差距依旧明显。加快推进厦门市岛内外一体化的步伐，对于推动集美区城乡一体化发展水平的提升起促进作用，而集美区城乡一体化水平的高低也对全面推进厦门市城乡一体化的发展起促进和制约作用。

第六章

投入产出分析方法在区域经济研究中的应用

第一节　投入产出基本原理方法

一、投入产出乘数效应

投入产出分析是研究国民经济运行的基本方法之一，借助数学工具揭示国民经济各部门之间生产投入和产品分配的平衡关系。该方法的思想渊源一般认为来自重农主义经济学家魁奈（Francois Quesnay）于 1758 年所提出的"经济表"概念，后由美国经济学家瓦西里·里昂惕夫（Wassily Leontief）据此编制投入产出账户，标志着投入产出有关模型的诞生（Dietzenbacher and Lahr，2004）。以数理经济学派的一般均衡理论为基础，各部门产品量的依存关系在里昂剔夫的投入产出分析中构成方程组，随后可依据统计数据形成矩阵状的平衡表，这个表便是国民经济部门的投入和产出对应的供需平衡关系的完整反映。因此，在对区域经济差异进行研究时，运用投入产出分析方法将能够有效梳理地方各产业部门发达程度和内外依存关系，描绘区域产业经济发展全貌，从而有助于系统测度、评估、分析区域间的经济差异。

　　投入产出数学模型的主要应用方向是具体测算某项活动所产生的总经济影响，包括由其带来的乘数效应的间接影响。乘数效应的大小是区域经济开放度的重要标志，经济越是开放的地区，越需要从外部进口原材料和中间产品作为投入，这样的进口可被视作本地生产的替代品。从另一个角度看，乘数效应实质上也反映了区域经济的自给程度。衡量乘数效应的一个经典路径是经济基础理论（Hepple，2000），该理论模型将区域的所有经济活动划分为两类：基本活动（部门）即产品完全对外贸易的活动（在此表示对跨地区的贸易活动）；地方服务或本地活动（部门）的产出则完全服务于本地区内部消费，基本活动的对外贸易获利是支撑本地区其他服务活动的经济基础。根据对外贸易部门和本地部门间的经济活动关系，我们可以很容易计算出这个经济基础所产生的乘数效应的大小。

　　假定对外贸易部门的就业为 x，本地部门占该地总就业的比例为 a，则该地总就业 t 即等于：

$$t = x/(1-a) \qquad\qquad (6-1)$$

　　其中的分母 $1/(1-a)$ 即为经济基础乘数。例如，若本地区有40%的就业从事对外贸易活动，那么该地经济基础乘数则为 2.5。在这个 2.5 的倍数内，对外贸易部门自身的直接经济影响显然为 1.0 倍，剩余的 1.5 倍为其间接和衍生影响，也即意味着：每一个对外贸易部门的岗位能够为本地经济创造额外的 1.5 个就业岗位。

　　在经济基础理论的外延应用中，上述的 x 演变为代表外源性经济变化或外部需求的量，即最终需求。这些变量可以被认为是来自政府部门、居民抑或是经济体之外的某个实体。我们进而对上述公式稍作调整，可以得到本区域经济相应产生的变动：

$$\Delta t = \Delta x/(1-a) \qquad\qquad (6-2)$$

然而，在实际操作中，要准确测算公式（6-1）中的比例 a 是十分困难的，理论上需要将为本地消费进行生产的部门与对外贸易部门一一区分开来，而事实上，包括服务业在内的几乎所有产业部门都在同时向本地区内外的消费者出售产品，这就涉及有关销售的比例问题。经济学家们构思了一个衡量各部门参与本地区非基础经济活动的程度的因子，称为区域购买系数（regional purchase coefficient），记作 r，进而我们可以将 i 部门对应本地内部消费的劳动力 l_i 写为：

$$l_i = r_i d_i \qquad (6-3)$$

且

$$x_i = t_i - r_i d_i \qquad (6-4)$$

其中，d_i 是对 i 部门产品的区域总需求。根据以上公式和区域内部需求数据，可以得出一个整体经济基础参数 a，即：

$$a = l/t = \sum l_i / \sum t_i \qquad (6-5)$$

由这种整体性的参数毫无疑问只能导出全区域的整体乘数效应，我们仍然很难具体描绘某项变动对区域经济的众多部门到底产生了哪些影响。投入产出分析利用详细的部门间需求数据与贸易数据，生成投入产出模型的有关乘数，能够很好地解决这一问题。

二、投入产出基本模型

投入产出模型关注各经济部门相互间采购与销售的交叉关系，这种关系可以通过图6-1示例的矩阵很清晰地体现出来。图中的行部门是消费部门，代表着市场；列部门是生产部门，向市场供给产品。

行业	农业	制造业	服务业	其他行业	最终需求	总产出
农业	10	65	10	5	10	100
制造业	40	25	35	75	25	200
服务业	15	5	5	5	90	120
其他行业	15	10	50	50	100	225
增加值	20	95	20	90		
总投入	100	200	120	225		

图 6 – 1　行业间交易矩阵示例（单位：万元）

从图 6 – 1 可以看出，行业间交易矩阵是对一个经济体中商品价值的流动关系的详尽记录，因此，放在全国经济这样的宏观层面，该矩阵更多则是被用来估算国内生产总值（GDP），而不是单独评估某个经济活动产生的经济影响。

为了更好地解析行业间交易矩阵的内涵，我们举例说明：上图列所在部门中的农业向行所在部门的制造业出售价值 65 万元的产品，这句话可以反过来表述为制造业购买了价值 65 万元的农业产出。经济学家进一步定义，对应每个列部门的行的价值之和为该矩阵的"中间产出向量"，对应每个行部门的列的价值之和为矩阵的"中间投入向量"。此外，在正方形矩阵元素的行列外侧还附带了一列最终需求以及一行增加值，这是为完整地构造投入侧与产出侧二者的均衡而纳入考量的参数。

最终需求涵盖了其他可能影响某一产品需求的诸多方面，包括进口、出口、政府采购、存货变动、私人投资以及居民消费。增加值则包含了工资性收入、利润性收入、利息、股息、租金、资本消耗补偿和税收等。这部分价值是一个部门在将货物和服务投入转化为产出的生产循环中添加的价值，使得其产出价值超出了投入的货物与服务的原有总价值。换言之，增加值反映的是一个产业部门对经济体财富增长的贡献，这正是 GDP 核算的重要依据。

区域间的经济差异不止体现在地方产业部门方面，居民的收入和消费水平同样影响着这一差异的测度。如果将居民整体也视为经济部门之一，那么它就是纯消费部门，其消费实际上可以从最终需求列中抽取出来，作为行业间交易矩阵单独的一列；相应地，则必须将其收入作为矩阵下方附加的行以达到平衡。居民部门的收入主要来源于各行各业的增加值，其他来源在建模过程中往往不作考虑，因为这些次要收入在多数情况下是源自经济体外部或是难以纳入模型的非正规经济要素。通过区分一般生产部门与消费性的居民部门，投入产出乘数将可得到更有效而准确的测算，有助于更细致全面地分析比较区域经济差异。

计算投入产出乘数的第一个重要步骤是计算得出直接需求矩阵（direct requirements matrix），也称技术矩阵。矩阵的每个元素可由图 6-1 所示矩阵中每一列的元素除以该列总和而得到，如图 6-2 所示。

行业	农业	制造业	服务业	其他行业
农业	0.10	0.33	0.08	0.02
制造业	0.40	0.13	0.29	0.33
服务业	0.15	0.03	0.04	0.02
其他行业	0.15	0.05	0.42	0.22

图 6-2　直接需求矩阵示例（基于图 6-1 的计算）

前文提到的制造业部门从农业部门采购 65 万元的产品，相应的在这个矩阵中的比例值即为 65/200 = 0.33。矩阵内各元素的值可以直观地理解成有多少单位价值的生产部门产品被需求用来制造 1 单位价值的消费品。所以，这些比例值也常被称作技术系数（technical coefficients），它反映的是每单位的某部门产品所需中间投入的组成。也就是说，直接需求矩阵只限于各部门对中间投入的相互需求关系，与最终需求和增加值无关。

在直接需求矩阵的基础上，我们接下来需要计算出里昂惕夫逆矩阵（leontief inverse）。解释这一矩阵前，我们先着重阐述几个重要等式关系。从图 6-1 很容易看出，每一行中间投入向量（记为 Z）与最终需求（记为 y）的和都等于该行对应部门的产出（记为 x）。依据矩阵运算法则，可将二者的关系写成：

$$x = Zi + y \qquad (6-6)$$

这里的 i 代表单位矩阵。由该式进而可得到直接需求矩阵的表达：

$$A = ZX^{-1} \qquad (6-7)$$

X^{-1} 是一个方阵，对角线上每个元素都是 x 向量中元素的倒数，且其余元素均为零。式（6-7）可写成：

$$Z = AX \qquad (6-8)$$

X 矩阵即对角线上均是 x 向量中的元素且其余元素均为零的方阵。因此，有下列关系：

$$x = (AX)i + y \qquad (6-9)$$

或 $$x = Ax + y \qquad (6-10)$$

对 x 求解（6-10）的方程，可得：

$$x = (I - A)^{-1}y \qquad (6-11)$$

上式所表示的关系可以解释为：总产出 = 总中间投入需求 × 最终需求，$(I-A)^{-1}$ 便是我们想导出的里昂惕夫逆矩阵。它体现了最终需求与产出之间的相互作用关系，了解这组关系是我们识别和分析某项外源性经济影响的必备条件。里昂惕夫逆矩阵将直接经济影响转化成了总经济影响，因而它也常被称作 "总中间投入需求矩阵"（totalrequirements matrix）。根据图 6-2 中数据的计算结果如图 6-3 所示。

行业	农业	制造业	服务业	其他行业
农业	1.5	0.6	0.4	0.3
制造业	1.0	1.6	0.9	0.7
服务业	0.3	0.1	1.2	0.1
其他行业	0.5	0.3	0.8	1.4
产业乘数	3.3	2.6	3.3	2.5

图 6-3 总中间投入需求矩阵示例（基于图 6-2 计算）

例如，图 6 - 3 中制造业对农业产生的乘数效应为 0.6，意味着制造业每产出 1 单位的产品，都将带动农业增加 0.6 单位的产出。每一列的和即是对应行业的产出乘数。

三、基于投入产出原理的区域经济影响效应分析方法

乘数效应的大小和传导过程的差异反映了区域经济的不同肌理，而乘数效应的产生均源于对经济的一个又一个扰动。正如一滴水落入平静的池水中所产生的效果，它通过直接影响区域内经济部门的采购结构而产生了第一个主要的涟漪；受影响部门的供应商则进而改变它们自己的采购结构来满足这些部门的需求，产生次级涟漪，接下来依此类推，上下游各部门间的相互作用就产生了无数个涟漪，它们各自的影响总和是初始扰动产生的经济总影响。基于这一逻辑模型，乘数效应也自然而然地拥有了"涟漪效应"（ripple effect）的别称。

对以上描述进行简单归纳，我们可以将乘数效应细分为三个要素：直接效应、间接效应与衍生效应。直接效应正是初始扰动的水滴产生的第一圈涟漪；间接效应与直接效应紧密关联，由后者带动产生；衍生效应相当于次级涟漪以外的无数个渐弱的涟漪，但要注意的是，这层效应不只与中间投入需求的变化有关，也往往与消费者或居民部门的收入变化相关联，由增长的经济活动带来的劳动报酬增加，推动居民消费的扩张。只有当乘数效应的分析中包含了对衍生效应的测算时，居民部门的收入和消费变动影响才被纳入了对区域经济影响的分析。

在考虑了区域经济最终需求变化的情境下，根据式（6 - 11），该变化及其涟漪效应对区域经济总产出的影响可以表示为：

$$(I-A)^{-1}\Delta y = \Delta y + A\,\Delta y + A(A\,\Delta y) + A(A(A\,\Delta y)) + A(A(A(A\,\Delta y))) + \cdots$$

$$(6-12)$$

Δy 是最终需求的变化，也就是那最初产生的扰动，而其后迭代叠加的项均是一圈圈不断扩散的涟漪，它们通过直接需求矩阵相互关联，同时每一项所产生的影响又比前一项要弱。不同地区的经济在面对同样的需求变动带来的扰动时，由于各自不同的经济肌理，影响效应的传导路径和广度也各异，区域经济的差异在这里也就得到鲜明的体现。

尽管如此，在对某一地区实际进行有关测算时，地方的技术系数往往很难精确获得，需要以全国平均系数来代替。由此产生的误差并不显著，因为各地的技术系数与全国平均一般差距不大，即便有较大不同，也会因为跨区域贸易活动而抵销大部分差异的影响。相应地，我们在测算过程中需要加入前述的区域购买系数 r，那么式（6 - 12）的等式也就变形为：

$$(I - rA)^{-1} r \Delta y = r \Delta y + rA(r \Delta y) + rA(rA(r \Delta y)) + rA(rA(rA(r \Delta y))) + \cdots$$
$$(6 - 13)$$

关于区域购买系数，一般的规律是，农业、采矿业和制造业对应的系数较小，而服务业与建筑业的系数则较大。式（6 - 13）便是我们使用投入产出分析方法测算经济影响进而评估区域经济差异的最终等式，包含了对直接效应、间接效应与衍生效应的全面测算。

不可否认，由于产业聚合的研究尺度导致的区域购买系数及其测算误差一直是区域投入产出模型准确度研究的焦点，在这方面还有很多工作有待完成。除此之外，投入产出模型也有一些局限和不足。首先，该模型假定了各部门的生产过程不存在规模经济，也即是说各项投入的比例与生产水平和规模的变化无关。如果某项研究选用了经济低谷期的技术系数统计数据来测算经济繁荣期的影响，那无疑将造成巨大误差。其次，投入产出模型本身无法加入动态的技术系数，要打破这一静态性的缺陷，只有依赖技术系数有关数据的定期更新。最后，在多数投入产出模型中使用的技术系数往往预设了生产过程在空间上是恒定的，且能够被全国平均值很好地代表，这一假设在相对宽广而多元的地区是有效的，但对较小而单纯的区域可能无法保证误差水平。

第二节　投入产出法在区域经济差异分析中的应用

投入产出分析方法可用于估量诸如需求变动之类的事件对经济产生的直接和间接作用，分析过程中计算得到的产业乘数能够反映区域经济的产业结构和内部关系特征，因此这项乘数也可作为透视区域经济差异的指标之一。我们设想一个实际应用场景：有某一大型改造建设项目有多个子项目在不同地区同时进行，我们梳理各区域内子项目的直接需求，分析受其需求间接影响的相关经济部门，推断其衍生影响，并将三层影响间的乘数计算出来，再在此基础上比较各个区域的乘数的异同，便可形成观察区域经济差异的一个新视角，为传统常用方法提供补充。以下是一个虚拟场景下的应用举例。

某区域天然气管道系统需要新建两座中继泵站，其中，A 泵站相关工程建设总投入约为 3281 万元，其中主要的分项投入也即对地方经济带来的直接需求变动如表 6 - 1 所示。

表 6 - 1　　　　　　　　A 泵站建设带来的直接需求变动　　　　　　　单位：万元

投入条目明细	价值	对应产业部门示意
管道与阀门等	379	管道铸造业；阀门及配套业
压缩机	582	空气气体压缩机制造业
其他附属结构	258	非住宅结构建筑业
电气设备	145	杂项电气设备业
其他主要设备	286	其他用途机械制造业
次要材料	13	其他铸铁业；其他木制品业
施工建设成本	2277	非住宅结构建筑业
差旅住宿	102	酒店服务业、快餐酒吧业、餐馆业、加油站业、租车业等
各项咨询服务	148	建筑咨询业、公共关系服务业、法律服务业等

在考虑区域购买系数的情况下，将表6-1对需求的变动按照对应的各个细分产业部门输入到该区域已搭建好的投入产出模型中，根据第一节中式（6-13）所表达的原理，利用统计软件 R 可以输出其直接经济影响和总经济影响，并在将居民部门纳入后进一步导出间接影响与衍生影响，汇总见表6-2。

表6-2　　　　　　　　　　　A 泵站建设的总经济影响

项目	直接影响	间接+衍生影响	总影响
就业（工作·年）	150	73	223
GDP（百万元）	12.2	7.6	19.8
总职工薪酬（百万元）	10.0	5.2	15.2

由表6-2可知，该项目给当地直接增加了150个工作岗位，间接带动新增73个工作岗位；直接拉动新增 GDP 达到1220万元，总影响增量接近2000万元；职工薪酬方面，直接带动总额增长1000万元，间接增长520万元。

根据以上结果，用总影响除以直接影响的数值，我们可以计算得到该项目 A 泵站对区域经济的就业方面产生的乘数效应约为1.49，在职工收入方面的乘数效应约为1.52，在创造 GDP 方面的乘数效应约为1.62，相较之下在创造 GDP 方面该项目效果突出。以就业方面的总影响（223个岗位）与地区项目总投入（3281万元）相比，可推算出：该项目每投入百万元相当于创造了约7个就业岗位。

同理，我们对 B 泵站所在区域也进行相同的模型运算，可以得到一系列不同的乘数效应值，由此可以对两个泵站所在区域的经济做一个对比，分析两个不同地区同一产业的发展差异，作为区域经济差异分析的组成部分。

投入产出分析还可与区位商（location quotient）的测算相结合，更加全面的分析区域经济间的差异。区位商通常表示的是一个区域特定产业的产值占该区域工业总产值的比重与全省或全国该特定产业产值占全省或全国工业总产值的比重之间的比值，所以它是筛选地区主导产业的基本方法。将这两种方法结合运用，有助于在具体分析各部门投入产出关系的过程中，识别主导产业，根据需要对产业乘数有侧重的调整、修正，综合分析地方产业经济的特征属性，科学全面地测度和评估区域间经济差异。

第七章

空间计量方法在区域经济
差异分析中的运用

第一节　空间自相关的度量

一、空间相关分析简述

　　根据地理学第一定律（tobler's first law），地理表面上所有的属性值都是相互关联的，但是更近的属性值比更远的属性值关联性更强。现实的人类经济地理行为总是在一定的时间和地域范围内同时进行的，经济地理的研究不仅涉及时间维度，更不能忽视空间尺度。因此，基于空间相关分析基础上的空间计量经济学应运而生。在空间上，事物之间可能呈现出相互集聚、随机分布或者规则分布的关联形式，而空间计量模型正是将事物之间的空间相关性与传统计量模型相结合，在基于对空间效应假设的基础上，对于空间相关经济变量的关系进行一系列的设定、估计、检验与预测的计量经济学方法。

　　夸克（Quah，1996）研究指出忽视收入增长模式中的区域内在相关性和凝聚力可能会导致一些错误的推论。他的研究结果表明，在解释欧洲的地区收入不平等动态方面，地理因素似乎比国家因素更重要。为了探讨这一问题，夸克采用了所谓的区域条件构建了三种不同的收入分布。第一种是将每个地区相对于欧洲平均水平的收入标准化。然后，每个地区的收入分别相对于其本国的平均收入和其地理上相邻地区的平均收入进行标准化，产生第二种和第三种分布。夸克的研究报告指出，受地理因素影响的收入分配比前两种分配要集中得多。此外，他还指出，在 10 年的时间里，地理条件分布的标准差下降速度要快于其他两种分布的标准差，说明区域内经济集聚态势和趋同速度加快，同时区域间的差距扩大。夸克提出的区域条件正是考虑了区域背景下空间相关性在度量区域收入增长和区域间收入差异研究中的重要性。

国内现有研究区域经济发展的文献也几乎是运用空间计量的方法进行实证分析。吴玉鸣（2007）通过 SAR 及 SEM 模型实证得出了人力资本、城市化、工业化、信息化是影响 2000 年中国 2030 个县域之间经济差距的重要因素。程名望等（2019）运用 SAR 模型，对中国 31 个省区市 1978 ~ 2015 年的经济发展水平进行分析，认为中国经济飞速发展主要依赖于"汗水"和"灵感"，且越来越依赖于技术进步、人力资本提升、制度改革和市场化推进等"灵感"因素的增强。吴金燕（2020）通过选取省际面板数据并选用 SAC 模型用于溢出效应分析，指出区域金融化程度加深会提高本地区和邻近地区的实体经济发展。陈培阳等（2011）通过 SAR 和 SEM 模型分析 FDI、区位、城市化水平、分权化对福建省城市之间经济差异的变化过程中发挥的作用。赵丹等（2020）运用 SAR 探究全球化、市场化、分权化和本土化因素对长三角县域经济差异的作用机制。可以看出，空间计量经济学已经逐渐发展为应用计量经济学和社会科学方法论的主流，并广泛应用于区域与城市经济学的研究。

二、空间自相关系数的定义

空间自相关反映了在空间组织中观测单元之间缺乏独立性。这种依赖可能来自各种度量问题，例如行政数据和市场过程之间的边界不匹配，以及来自空间聚集。此外，空间依赖有时可以反映一种现象的重要实质性组成部分，例如知识溢出、贸易和迁徙流动以及其他类型的空间相互作用。空间统计和空间计量经济学文献为处理空间自相关提供了丰富的技术手段，一个比较常用的度量空间自相关的方法是计算莫兰系数（Moran's I）进行空间自相关检验，即检验一个变量在一个位置的观测值是否独立于该变量在邻近位置的值。正空间自相关表明相似的值在空间上彼此接近或聚类；负的空间自相关表明邻近的值是不相似的，或者说相似的值是分散的；无空间自相关表示空间模式是随机的。

在介绍空间相关系数和空间计量模型之前，需要引入空间权重矩阵 W。空间权重矩阵是空间计量经济学中最基础最重要的一个概念，它是空间统计、空间计量经济分析的重要基础，将非空间分析与空间分析显著区

分开来。$n \times n$ 空间权重矩阵 $W = \begin{bmatrix} w_{11} & \cdots & w_{1n} \\ \vdots & \cdots & \vdots \\ w_{n1} & \cdots & w_{nn} \end{bmatrix}$ 里的元素 w_{ij} 表示空间单

元 i 与空间单元 j 的相关结构和相关程度的强弱。通常，空间权重矩阵 W 是外生给定的，且如果地区 j 与 i 相邻，则 $w_{ij} > 0$，否则 $w_{ij} = 0$。关于相邻单元的定义有很多标准，在区域经济空间集聚的研究中，对于多边形的区域单元，空间权重的构造通常基于地理上相邻的概念，本研究采用应用最广泛的 Rook 邻接标准定义空间权重矩阵，即若地区 i 和地区 j 有公共边界，则两地区为邻接单元，空间权重矩阵中的元素 $w_{ij} = 1$，否则 $w_{ij} = 0$。按照惯例地区自身不作为自身的一阶邻接单元，$w_{ij} = 0$。为了减少或消除区域间的外在影响，通常 W 要进行行标准化：$w_{ij}^{*} = w_{ij} / \sum_{j=1}^{n} w_{ij}$。

1. 全局空间自相关系数（global Moran's I）

全局莫兰系数定义为：

$$I = \frac{n}{\displaystyle\sum_{i=1}^{n}\sum_{j=1}^{n} w_{ij}} \cdot \frac{\displaystyle\sum_{i=1}^{n}\sum_{j=1}^{n} w_{ij}(y_i - \bar{y})(y_j - \bar{y})}{\displaystyle\sum_{i=1}^{n}(y_i - \bar{y})^2} \qquad (7-1)$$

其中 y_i 是所考虑地区 i 的变量值，$\bar{y}$ 表示变量在所有地区的平均值，n 是地区的总数。上式的空间自相关系数 Moran's I 可以用来探究变量在某一时刻所显示的空间自相关的整体水平，全局莫兰指数值一般为 $-1 \sim 1$，当值为正时，表示正自相关（即高值和高值相邻、低值和低值相邻），当值为负时，表示负自相关（即高值和低值相邻、低值和高值相邻），接近于 0 表示空间分布模式是随机的（即没有空间自相关性）。克利夫和奥德（Cliff and Ord，1973）推导了莫兰系数 I 的均值和方差，得到基于 I 的标准化值 $I_z = \dfrac{I - E[I]}{\sqrt{\text{Var}[I]}} \sim N(0,1)$，统计量 I_z 服从渐近标准正态分布，则变量空间相关性的统计推论正是基于 Moran's I 的渐近标准正态分布进行的，原假设 H_0：不存在空间相关性；备择假设 H_1：存在空间相关性。

2. 局部空间自相关的度量

式（7-1）的全局空间自相关系数是根据空间单元的观测值与其相邻单元之间的局部关系计算出来的，安瑟兰（Anselin，1995）提出将这些局部关系分解出来，构建一种用于空间聚类分析的局部空间自相关系数，即地区 i 的局部莫兰系数（local Moran's I）：

$$I_i = \frac{(y_i - \bar{y})\displaystyle\sum_{j=1}^{n} w_{ij}(y_j - \bar{y})}{\dfrac{\displaystyle\sum_{i=1}^{n}(y_i - \bar{y})^2}{n}} \qquad (7-2)$$

比较式（7-1）和式（7-2）可以看出，全局自相关系数 Moran's I 可以作为局部莫兰系数 I_i 的函数得到。如前所述，在正态性假设下，同样可以构造局部莫兰指数 I_i 的标准化检验统计量 I_{iz} 以检验空间相关性的显著性。

　　相比全局自相关系数，局部统计指标可以对空间依赖位置的特定性质提供更详细的分析，以判断局部地区是否有相似或明显不同的观测值集聚在一起。式（7 - 2）中，令 $z_i = (y_i - \bar{y})$ 表示一个变量在区域 i 的观察值对平均值的离差，定义观测值 z_i 对应的空间滞后项为该变量所有一阶相邻地区观测值的加权平均数，即 z_i 的空间滞后项为：

$$z_i^* = \sum_{j=1}^{n} w_{ij} z_j = \sum_{j=1}^{n} w_{ij}(y_j - \bar{y}) \qquad (7 - 3)$$

则式（7 - 2）的局部莫兰系数可以表示为：

$$I_i = \frac{z_i}{\dfrac{\sum_{i=1}^{n} z_i^2}{n}} \times z_i^* \qquad (7 - 4)$$

　　利用局部莫兰系数中的变量 z_i 及其空间滞后项 z_i^* 绘制的莫兰散点图可以将一个观测点在绝对空间中的位置映射到一个相对空间中，该相对空间不仅考虑观测点在单个变量空间分布中的位置，还考虑其相邻位置的点在同一分布中的位置。每个观测及其空间滞后项在相对空间中的位置可以分为四种类型，总结为表 7 - 1。

表 7 - 1　　　　　莫兰散点图（Moran scatterplots）中观测点的分类

类别	自身值z_i	空间滞后项z_i^*	象限
高 - 高（H - H）	高于平均值	高于平均值	第一象限
高 - 低（H - L）	高于平均值	低于平均值	第二象限
低 - 高（L - H）	低于平均值	高于平均值	第三象限
低 - 低（L - L）	低于平均值	低于平均值	第四象限

　　根据表 7 - 1 的分类可知，若第 i 个地区位于第一象限，则其经济发展水平高，周边地区发展水平高；若第 i 个地区位于第二象限，则其经济发展水平高，周边地区发展水平较低；若第 i 个地区位于第三象限，则其

经济发展水平低,但是周边地区发展水平高;若第 i 个地区位于第四象限,则其自身与周边地区经济发展水平均低于全国经济发展平均水平。

这些分类可以在莫兰散点图中描述,散点图允许在一个时间点上对分布的几个地理方面进行可视化,随着散点越来越集中于第一和第三象限或第二和四象限,表明分布的空间自相关性整体水平增强。

三、莫兰系数和莫兰散点图在区域经济空间相关分析中的应用

本书在此选取人均 GDP (per capita gdp) 来衡量经济发展水平,省域人均 GDP 的空间相关性可以通过统计量莫兰系数 (Morna's I) 进行空间自相关检验。利用 2003 ~ 2019 年的莫兰系数可以观察区域收入空间相关性的变化,从而对经济空间分布的均衡性演变作出判断。表 7 - 2 报告了软件 stata15 根据式 (7 - 1) 计算的莫兰系数值及其检验统计量的伴随概率 P 值,每年的 Morna's I 均在 0.1% 的水平下显著,说明中国省域人均地区生产总值存在显著的空间正相关性,省域经济空间依赖度高,经济发展水平接近的省份呈现一定程度的空间聚集,从而导致区域经济差异的产生。

表 7 - 2 　　　　　　2003 ~ 2019 年中国省域地区生产总值全局莫兰系数

统计量	计算值	P 值
Moran's I (2003)	0.344	0.001
Moran's I (2004)	0.352	0.000
Moran's I (2005)	0.366	0.000
Moran's I (2006)	0.359	0.000
Moran's I (2007)	0.362	0.000
Moran's I (2008)	0.368	0.000
Moran's I (2009)	0.376	0.000

统计量	计算值	P 值
Moran's I（2010）	0.467	0.000
Moran's I（2011）	0.358	0.000
Moran's I（2012）	0.451	0.000
Moran's I（2013）	0.441	0.000
Moran's I（2014）	0.425	0.000
Moran's I（2015）	0.424	0.000
Moran's I（2016）	0.434	0.000
Moran's I（2017）	0.460	0.000
Moran's I（2018）	0.451	0.000
Moran's I（2019）	0.428	0.000

从图 7-1 全局莫兰指数的趋势图可以看出：（1）全局莫兰指数均显著为正，表明中国经济发展在空间上表现出明显的正向关联。结果表明，经济发展水平较高的地区往往与经济发展水平较高的地区相邻，而经济发展水平较低的地区在地理空间上往往与经济发展水平相同的地区相邻。（2）全局莫兰指数呈现波浪式上升的态势，可以分为 3 个阶段：2003～2010 年为显著上升阶段，全局自相关系数莫兰指数由 0.344 增加到 2010年的 0.467，说明这一阶段我国经济发展水平相近的省份在空间分布上更加集中，经济联系逐渐增强；2010～2011 年为显著下降阶段，全局莫兰指数降低到 0.358，表明我国省域经济空间关联性在这一阶段是减弱的，即经济发展在空间分布上趋于分散；2011～2019 年为波浪形上升阶段，全局莫兰指数上升到 0.428，说明我国省份的经济联系再次加强，地理位置上邻近的省份经济发展水平相近。从整个研究期内莫兰指数值的变化中可知，总体是呈上升趋势增长，表明中国大陆省域经济发展水平的空间集聚性在渐渐增强。

根据全局莫兰指数的时段特征，选取 2003 年、2010 年、2019 年为研

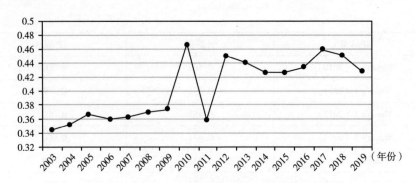

图7-1　我国人均 GDP 全局莫兰指数演变动态

究断面，利用 stata15 软件根据式（7-2），以 $\dfrac{(y_i - \bar{y})}{S^2}$ 为 x 轴（S^2 为 y 的

样本标准差），以 $\sum\limits_{j=1}^{n} w_{ij}(y_i - \bar{y})$ 为 y 轴，从基于邻接矩阵得到我国省区市

2003 年、2010 年、2019 年人均地区生产总值的莫兰散点图［见图 7-2

（a）-（c）］。根据图 7-2，可整理得出我国 2003 年、2010 年、2019 年

三年经济发展水平的空间格局演变情况，如表 7-3 所示。

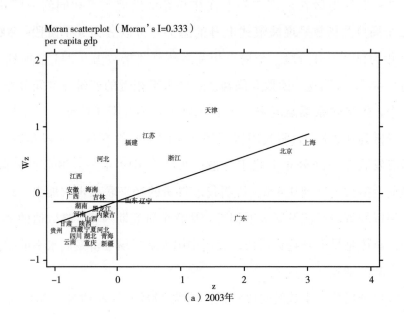

（a）2003年

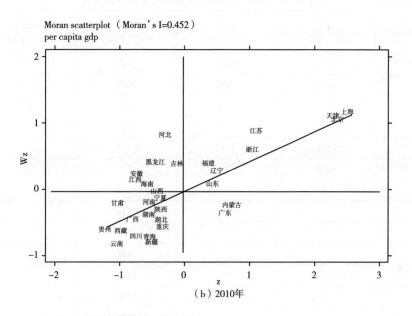

（b）2010年

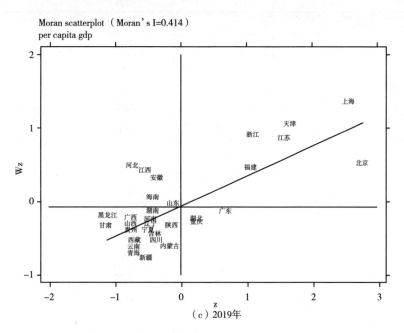

（c）2019年

图 7 - 2 我国省域人均地区生产总值的 Moran 散点图

表 7 - 3 　　　　　我国 2003 ~ 2019 年经济发展水平的空间格局演变

年份	H-H （第一象限）	L-H （第二象限）	L-L （第三象限）	H-L （第四象限）
2003	北京	河北	山西	山东
	天津	海南	河南	广东
	上海	安徽	湖北	辽宁
	江苏	江西	湖南	
	浙江	吉林	黑龙江	
	福建	广西	重庆	
			四川	
			贵州	
			云南	
			西藏	
			陕西	
			甘肃	
			青海	
			宁夏	
			新疆	
			内蒙古	
2010	北京	河北	山西	广东
	天津	海南	河南	内蒙古
	上海	安徽	湖北	
	江苏	江西	湖南	
	浙江	吉林	广西	
	福建	黑龙江	重庆	
	山东		四川	
	辽宁		贵州	
			云南	
			西藏	
			陕西	
			甘肃	
			青海	
			新疆	

续表

年份	H-H （第一象限）	L-H （第二象限）	L-L （第三象限）	H-L （第四象限）
2019	北京	河北	山西	广东
	天津	海南	河南	湖北
	上海	安徽	湖南	重庆
	江苏	江西	辽宁	
	浙江		吉林	
	福建		黑龙江	
	山东		广西	
			四川	
			贵州	
			云南	
			西藏	
			陕西	
			甘肃	
			青海	
			宁夏	
			新疆	
			内蒙古	

　　根据图 7 – 2 与表 7 – 3 可以看出，2003 年中国大多数省域落在第Ⅰ、Ⅲ象限，约占全区域的 65%，其中位于第Ⅰ象限的地区有北京、天津等 6 个省份，具有 H – H 的正相关关系；位于第Ⅱ象限的地区有河北、安徽等 6 个省份，具有 L – H 的负相关关系；位于第Ⅲ象限的地区有新疆、宁夏等 16 个省份，具有 L – L 的正相关关系；位于第Ⅳ象限的地区有山东省、广东省和辽宁省 3 个省份，具有 H – L 的负相关关系。大部分省域位于第Ⅰ、Ⅲ象限，再次说明了省域经济增长呈现正的空间相关关系。第Ⅲ象限省域数量所占比例较大，说明中国较多省份经济发展低于全国水平。2010 年中国大陆省域落入第Ⅰ象限增加至 8 个，落入第Ⅲ象限仍为 14 个，说

明在此期间中国经济得到较快发展，发达地区对周边地区起到一定带动作用。2019 年中国省域落入第Ⅰ象限 7 个，落入第Ⅲ象限 17 个，说明我国省域经济发展空间集聚效应较强。结合各省（区市）的具体地理方位可以清楚地看出，第Ⅰ象限中经济水平较高的省市主要集中在东部沿海和北京周边，经济聚集程度较高；同样的，第Ⅲ象限中自身和周边经济发展水平都较低的省份也连成一片，主要为东北和中西部地区，并且占中国省份数量的一半以上，说明中国较多省份经济发展低于平均水平。总体来看，中国省域经济发展集聚性比较稳定，且位于第Ⅰ和第Ⅲ象限的省区数量占绝对优势，说明中国省域经济发展两极分化明显，总体空间的不均衡分布仍然明显。

第二节 空间计量分析的基本方法

一、空间计量模型的数据生成过程（data generating process）

相对于传统计量模型而言，空间计量经济学打破了观测样本之间相互独立的假设，革命性的将空间效应引入到计量模型中，从而更好地解释了空间单元的相互作用与影响，从理论和应用上拓展了传统计量模型的研究范围，具有深远的意义。安瑟兰（Anselin，1988）介绍了一系列处理空间样本数据的方法来构建空间计量模型主要包括空间误差模型（spatial errors model，SEM）、空间自回归模型（spatial autoregressive model，SAR）、一般的空间相关模型（general spatial model，SAC）和空间杜宾模型（spatial Durbin model，SDM）。不同的空间计量模型隐含不同的理论依据及数据生成过程（data generating processes，DGP）。

传统的线性模型的数据生成过程为：

$$y_i = X_i\beta + \varepsilon_i$$
$$\varepsilon_i \sim N(0,\sigma^2) \tag{7-5}$$

其包含的假设是观测样本之间相互独立，即残差独立（ $E[\varepsilon_i\varepsilon_j] = E[\varepsilon_i]$ $E[\varepsilon_j =0]$ ）。独立性假设大大简化了模型，但在某些情况下可能很难证明它是合理的。

假设现在有两个样本 i 和 j ，

$$y_i = \alpha_j y_j + X_i\beta + \varepsilon_i$$
$$y_j = \alpha_i y_i + X_j\beta + \varepsilon_j$$
$$\varepsilon_i \sim N(0,\sigma^2), i=1 \tag{7-6}$$
$$\varepsilon_j \sim N(0,\sigma^2), j=2$$

此时包含的假设是观测值 i 依赖于观测值 j ，观测值 j 依赖于观测值 i ，式（7-6）即为空间计量模型的数据生成过程，当存在 n 个观测值的时候，可以表示为：

$$y_i = \rho\sum_{j=1}^{n} W_{ij}y_j + X_i\beta + \varepsilon_i$$
$$\varepsilon_i \sim N(0,\sigma^2), i=1,\cdots,n \tag{7-7}$$

用矩阵形式表示为：

$$Y = \rho WY + X\beta + \varepsilon$$
$$\varepsilon \sim N(0,\sigma^2 I_n) \tag{7-8}$$

其中 W 是空间权重矩阵， ρ 是空间自回归系数， I_n 是 $n\times n$ 单位矩阵。

当 $\rho=0$ 时，变量在空间上不相关。一个位置的观测值的信息没有给我们关于相邻位置的观测值的信息（即存在空间独立性）。

当 $\rho>0$ 时，变量在正空间自相关。邻域值趋于相似（即存在空间聚集效应）。

当 $\rho < 0$ 时，变量在负空间自相关。邻域值往往彼此不同（即空间分散）。

二、空间自回归模型（SAR）

式（7-8）隐含的数据生成过程式（7-6）即体现了空间相关性的存在，原因之一是存在空间溢出。式（7-8）通过在传统的线性回归模型中引入被解释变量的空间滞后项来刻画空间自回归过程，用于研究变量 Y 的观测值之间的空间依赖关系，相应的回归模型称为空间自回归模型（spatial autoregressive model，SAR），再此以式（7-9）表示。

$$Y = \rho WY + X\beta + \varepsilon \qquad (7-9)$$

式（7-9）中，ρ 是空间自回归系数，W 是外生给定的空间权重矩阵，X 是 $n \times p$ 解释变量矩阵，β 是对应的系数向量，$\varepsilon \sim N(0, \sigma^2 I)$。$WY$ 是空间滞后项，衡量了空间相互作用的存在性和强弱。具体为：

$$Y = \begin{bmatrix} y_1 \\ \vdots \\ y_n \end{bmatrix}, W = \begin{bmatrix} w_{11} & \cdots & w_{1n} \\ \vdots & \ddots & \vdots \\ w_{n1} & \cdots & w_{nn} \end{bmatrix}, X = \begin{bmatrix} x_{11} & \cdots & x_{1p} \\ \vdots & \ddots & \vdots \\ x_{n1} & \cdots & x_{np} \end{bmatrix}, \beta = \begin{bmatrix} \beta_1 \\ \vdots \\ \beta_p \end{bmatrix}, \varepsilon = \begin{bmatrix} \varepsilon_1 \\ \vdots \\ \varepsilon_n \end{bmatrix}$$

式（7-9）可得简化式表达式：

$$Y = (I - \rho W)^{-1}(X\beta + \varepsilon), |\rho| < 1 \qquad (7-10)$$

$$(I - \rho W)^{-1} = I + \rho W + \rho^2 W^2 + \rho^3 W^3 + \cdots \qquad (7-11)$$

空间自回归模型通过引入被解释变量的空间滞后项，从而考虑了样本中单个地区解释变量的变化带来的溢出效应。可以看出 Y 在任意位置 i 上的值不仅是 X 在该位置上的值的函数，还是一阶相邻位置上 X 的函数（$\rho WX\beta$），以及通过 $\rho^2 W^2$，$\rho^3 W^3 \cdots$ 与高阶相邻地区的 X 值产生联系。换句话说，任何地区的被解释变量值都取决于所有位置的解释变量，同时任何

位置的解释变量的变动都会对所有区域被解释变量产生影响，因$|\rho| < 1$，高阶空间相关区域解释变量溢出效应随着距离而呈几何级数衰减，衰减的程度取决于空间自回归系的大小。

空间自回归模型（SAR）在一定程度上描述了地区经济空间相关和区域经济差异的产生过程。我们基于省份数据研究区域经济差异的影响因素，正是因为某些影响因素存在空间溢出效应，才会使相邻省份经济表现出空间关联从而产生一定程度的聚集，同时溢出效应随着空间距离增加而递减，发达地区经济辐射的带动作用有限，也能解释区域经济差异出现的原因。

三、空间误差模型（SEM）

空间相关性的另一个原因是误差滞后，通过在传统的线性回归模型中引入误差项的空间滞后项来刻画空间自回归过程，用于研究变量 y 的观测值之间的空间依赖关系，相应的回归模型称为空间误差模型（spatial error model，SEM），如式（7 – 12）所示。

$$\begin{cases} Y = X\beta + \mu \\ \mu = \lambda W\mu + \varepsilon \end{cases} \qquad (7-12)$$

简化形式为：

$$Y = X\beta + (I - \lambda W)^{-1}\varepsilon \qquad (7-13)$$

λ 是空间误差系数，反映了误差项的空间相关性大小，X 是 $n \times p$ 解释变量矩阵，β 是对应的系数向量，$\varepsilon \sim N(0, \sigma^2 I)$。

对空间误差模型而言，空间单元 i 的被解释变量不仅受单元 i 自身扰动项的影响，而且还取决于那些与第 i 个单元相邻的单元扰动项的影响。对我们的研究而言，我们将影响区域经济差异的未被观测到的其他影响因素纳入到误差项，同时这些遗漏变量表现出空间依赖性，则经济发展的相关性是由误差项里的变量的相关性引起，模型中的解释变量不存在空间相关，所以各自对经济发展的影响不会对其他地区经济发展产生影响，所以空间误差模型（SEM）无法衡量空间溢出效应。

四、空间计量模型（SAR）和（SEM）的识别

值得注意的是莫兰指数的备择假设包括检验误差项的空间自相关，也包括由空间滞后项引起的误差相关。所以拒绝不存在空间相关的原假设不意味着接受哪个备择假设，所以在 OLS 回归的基础上需要以 LM 统计量为基础进行模型选择（Anselin，1996）。

1. LM 检验统计量

（1）检验空间自回归模型的原假设 H_0：$\rho = 0$，备择假设 H_1：$\rho \neq 0$。检验统计量：

$$LM_\rho = d_\rho^2 / D \sim \chi^2(1) \tag{7-14}$$

其中：$d_\rho = e'Wy / \hat{\sigma}_{ML}^2$，$\hat{\sigma}_{ML}^2 = e'e/n$；$D = (WX\hat{\beta})'[I - X(X'X)^{-1}X'](WX\hat{\beta}) / (e'e/n) + T$；$T = tr(WW + W'W)$，$W$ 是空间权重矩阵，Wy 是空间滞后项，e 是 OLS 残差的向量，n 是地区个数。

（2）检验空间误差模型的原假设 H_0：$\lambda = 0$，备择假设 H_1：$\lambda \neq 0$。检验统计量：

$$LM_\lambda = d_\lambda^2 / T \sim \chi^2(1) \tag{7-15}$$

其中：$d_\rho = e'We / \hat{\sigma}_{ML}^2$，$We$ 是误差项的空间滞后。

安瑟兰等（Anselin et al.，1996）指出，LM_ρ 统计量对空间误差自相关的存在也很敏感，LM_λ 也可能暗示了错误的选择。为了纠正这种错误，安瑟兰等（Anselin et al.，1996）引入了一种稳健的检验形式，即 LM 统

计量被修正为 d_λ 和 d_ρ 之间的协方差。

对于空间滞后模型的稳健检验统计量（Robust LM-Lag）为：

$$LM_\rho^* = \frac{(d_\rho - d_\lambda)^2}{(D - T)} \sim \chi^2(1) \qquad (7-16)$$

对于空间误差模型的稳健检验统计量（Robust LM-Error）为：

$$LM_\lambda^* = \frac{(d_\lambda - TD^{-1}d_\rho)^2}{[T(1 - TD)]} \sim \chi^2(1) \qquad (7-17)$$

2. 空间计量模型的识别步骤

在选择空间自回归模型和空间误差模型进行回归之前要借助 LM 检验，即进行 LM-Error 和 Robust LM-Error、LM-Lag 和 Robust LM-Lag 统计量检验。当 LM-Error 和 LM-Lag 统计量的诊断结果不显著时，说明普通回归模型比较合适；当 LM-Error 和 LM-Lag 统计量的诊断结果都显著时，说明 OLS 的回归是有偏的，即应当选取合适的空间计量模型进行估计。更进一步看，当 LM-Error 和 LM-Lag 统计量的诊断结果都显著时，需要比较 Robust LM-Error 和 Robust LM-Lag 两个统计量，选择更为显著的一个确立模型的类型。安瑟兰（Anselin，2004）总结了利用 LM 统计量在 OLS、SAR 和 SEM 模型之间进行选择的具体步骤，如图 7-3 所示。

五、空间杜宾模型（SDM）

安瑟兰（Anselin，1988）推导了当真实的数据生成过程（data generating processes，DGP）反映了因变量、自变量和扰动项的空间依赖性时，将导致模型包括被解释变量和解释变量的空间滞后项，式（7-18）~式（7-20）是当模型存在具有空间相关性的遗漏变量且与解释变量相关时的数据生成过程：

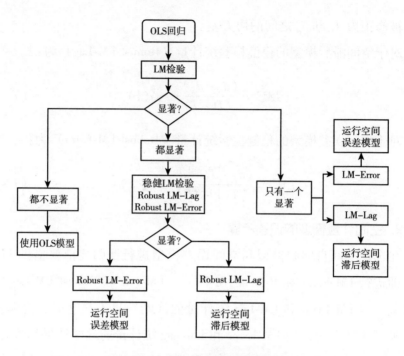

图 7-3　空间计量模型选择流程

$$y = X\beta + u \qquad\qquad (7-18)$$

$$u = \rho W u + v \qquad\qquad (7-19)$$

$$v = X\lambda + \varepsilon \qquad\qquad (7-20)$$

　　式（7-18）~式（7-20）中 y 为 $n \times 1$ 因变量向量，X 为 $n \times k$ 解释变量矩阵，β 为 $k \times 1$ 参数向量，u 为式（7-18）的 $n \times 1$ 误差向量，包含未被观测到的潜变量，且存在式（7-19）的空间自相关形式，W 为 $n \times n$ 权重矩阵，同时未被观测到的遗漏变量与模型中的解释变量 X 呈式（7-20）的相关关系，ε 为满足经典假定的 $n \times 1$ 误差向量，$\varepsilon \sim N(0,\ \sigma_\varepsilon^2 \mathrm{In})$，$\sigma_\varepsilon^2$ 为方差系数，I_n 为单位矩阵。参数值 ρ 为空间自回归系数，描述了观测样本中空间依赖的平均强度，如果 ρ 显著为零表示未被观测到的潜变量 u 的向量中不存在空间依赖性。

　　由式（7-19）可得 $u = (I_n - \rho W)^{-1} v$，代入式（7-18）得：

$$y = x\beta + (I_n - \rho W)^{-1} v \qquad\qquad (7-21)$$

将式（7-20）代入式（7-21），得：

$$y = x\beta + (I_n - \rho W)^{-1}(x\lambda + \varepsilon) \qquad\qquad (7-22)$$

式（7-22）可改写成：

$$(I_n - \rho W) y = (I_n - \rho W) x\beta + x\lambda + \varepsilon$$
$$y = \rho W y + x(\beta + \lambda) + W x(-\rho\beta) + \varepsilon \qquad\qquad (7-23)$$

式（7-23）同时包含被解释变量空间滞后项 Wy 和解释变量空间滞后项 Wx，安瑟兰（Anselin，1988）将这种形式的空间回归模型称作空间杜宾模型（spatial durbin model，SDM），式（7-24）给出了 SDM 的一般表达式：

$$y = \rho W y + X\beta + W X\theta + \varepsilon \qquad\qquad (7-24)$$

式（7-24）空间杜宾模型中 ρ 为待估空间自回归系数，β、θ 为 $k \times 1$ 待估系数向量，可以通过极大似然估计法得到。

可以证明，空间误差模型 SEM 中省略变量的存在将导致与 SDM 模型相关联的真实数据生成过程，也就是说，使用 SDM 模型将有助于防止遗漏变量的偏差，事实上，SDM 模型同时嵌套了空间滞后模型和空间误差模型。

如前所述，忽略因变量中的空间依赖性的代价相对较高，因为如果忽略这种依赖性，将导致有偏估计。此外，忽略这种依赖性也会导致解释变量系数被不恰当地解释为解释变量变化所带来的偏导数影响。而忽略干扰的空间依赖性则会导致估计的效率损失。勒萨热（LeSage，2009）理论研究表明，当真实的数据生成过程（DGP）为空间杜宾模型的数据生成过程时，用其他常见的空间计量经济模型如空间误差模型（SEM）、空间自回归模型（SAR）或一般的空间相关模型（SAC）进行将遭遇遗漏变量偏差问题，因为这些模型中不包括解释变量的空间滞后项 WX。勒萨热

（LeSage，2009）同时证明了空间杜宾模型（SDM）是唯一能够在所有四种可能的数据生成过程下（即真实模型为 SDM、SEM、SAR 或 SAC 时）均能生成无偏系数估计值的模型，尽管不一定是有效估计，但随着地理信息系统技术的发展，空间数据的可得性急剧增加，当我们开始分析更大的空间数据样本时，相对于偏差而言，估计的效率可能就不那么重要了。安瑟兰（Anselin，2014）也指出，在存在遗漏变量的情况下忽略变量的空间滞后项会导致模型其他变量的估计量有偏和不一致，后果比忽视空间误差项严重。这为我们进行区域经济研究时当存在具有空间相关性的遗漏变量且与解释变量相关的场合使用空间杜宾模型（SDM）提供了强大的计量经济学动机。

由于空间杜宾模型（SDM）利用了地区观测值之间复杂的依赖结构，因此，参数估计量包含大量关于地区观测值之间相互关系的信息，与任何给定的解释变量相关的单个地区观测值的变化将直接影响该地区本身，并可能间接影响所有其他地区。事实上，这组丰富的信息也增加了解释参数估计值的难度。不同于传统的线性回归模型，y_i 对 x_j 的导数可能非零，意味着解释变量的某个区域观测值会对被解释变量的其他区域观测值产生潜在的影响，这当然也是 SDM 模型的逻辑结果，因为该模型通过引入 Wy 和 WX 考虑了其他地区相关变量的影响，一个地区自变量观测值的变化同时会对因变量所有地区观测值产生影响。可用 $\partial y_i / \partial x_{jr}$ 来衡量解释变量 r 在地区 j 观测值的变动对地区 i 被解释变量观测值的影响，从而考虑解释变量某个地区观测值的变动导致的空间溢出效应，这是应用空间计量模型的主要价值之一。

第三节　空间计量模型在区域经济研究中的应用

在现实经济活动中，区域经济发展具有强烈的空间相关性。克鲁格曼

（Krugman，1991）建立了"中心—外围"模型，将空间概念纳入主流经济学的理论之中，开创了新经济地理学。新经济地理学是解释经济活动空间分布差异原因和机制的学科，而经济活动的空间分布差异是区域经济差异的成因之一。因此，运用新经济地理学理论来分析区域经济差异，需要借助空间计量方法来考虑空间相关性的影响。

本书在此以中国省域经济发展水平为研究对象进行区域经济差异影响因素分析。我们所观测的省份数据在地理位置上是接近的，这与地理学第一定律一致，越近的物体之间相互联系越密切；省份之间的相互竞争与合作，如厂商定价中同时要对市场上其他厂商的价格作出反应等；省份之间的模仿行为，如各地政府之间的 GDP 竞赛等；外部性导致的溢出效应，如一个地区带来经济增长的因素同时对另一个地区经济的增长具有正向的溢出等。此外，还包括相邻观测值的测量误差及遗漏变量所导致的残差相关都有可能使得区域经济增长具有空间相关性，本章第二节利用莫兰系数和莫兰散点图对省域人均 GDP 的空间相关性分析也证实了区域经济存在较强的空间关联性，因此在设定模型形式的时候要对经济增长的空间相关性给予足够重视和相应考虑，否则所建立的模型会和真实模型相差甚远，将导致估计结果有偏无法正确解释。

（一）变量说明和数据来源

传统的经济增长模型只考虑了劳动和资本投入及技术水平对区域经济的影响，新经济地理理论指出不断增长的城市密度、人口的迁移和专业化生产成为发展不可或缺的部分。随着一个国家城市化进程的推进，远离经济密集区导致生产率降低，于是人们为了从经济密集区获益，往往会向经济密集区迁移，以缩短他们与经济机会的距离，结果导致经济密集区的经济密度更高。由此选择人力资本存量、交通基础设施、经济密度、贸易开放程度作为影响区域经济发展差异的主要因素。

本书的样本地区包括中国大陆 31 个省（区、市），数据来源于 2003~2016 年《中国统计年鉴》《中国城市统计年鉴》以及各省、自治区、直辖市国民经济和社会发展统计公报。根据前文理论分析，选取人均 GDP 为被解释变量，解释变量包括人力资本存量、交通基础设施、经济密度、贸易开放程度及国有经济规模来反映市场化程度。

（1）被解释变量：各省经济发展水平 Y，用人均 GDP 表示。

（2）解释变量。

人力资本存量，用平均受教育年限（edu）和每万人医疗机构床位数（health）表示，其他条件不变的情况下，具备良好知识、技能水平且健康状况好的劳动者，人力资本存量水平越高；

交通基础设施，用铁路密度与公路密度之和（trans）表示，公路和铁路在我国道路运输上占据重要地位，其和越高，说明交通基础设施越完善；

经济密度，用就业人口密度（dense）表示，人口密度通常和经济活动联系密切，且人作为经济活动中的生产者和消费者、购买者与销售者，因此密度也可以采用单位面积人数来衡量。更进一步从生产的角度来看，就业人口也是经济密度常用的衡量指标。

贸易开放程度，用各省外商直接投资与 GDP 的比值（trade）表示，各省外商直接投资与 GDP 的比值越高，贸易开放程度越高；

市场化程度，用国有经济规模（SOE）表示，市场经济条件下合适的国有经济规模才能达到资源的最有效配置。

（二）实证模型选择

根据前文的影响因素分析，本文基于传统柯布—道格拉斯生产函数得出扩展的经济增长函数形式及其对数形式：

$$y = A edu^{\beta_1} health^{\beta_2} trans^{\beta_3} dense^{\beta_4} trade^{\beta_5} SOE^{\beta_6} \qquad (7-25)$$

$$\ln y = \ln A + \beta_1 \ln edu + \beta_2 \ln health + \beta_3 \ln trans + \beta_4 \ln dense + \beta_5 \ln trade + \beta_6 \ln SOE$$

用普通最小二乘法（OLS）对式（7-25）的对数形式进行回归，假设规模报酬不变，OLS 残差反映了没有被模型里包含的生产要素所解释的经济增长部分，反映了产出中归因于各地区所使用的技术效率等潜在因素的差异导致的产出的变动。计算不同省份 2016 年的 OLS 残差值（见图 7-4），从而体现不同区域技术效率水平的差异。根据图 7-4 各省（区市）2016年残差的分布图，可以看出残差为负的省份包括山西、河南、安徽、江西等相邻省份，这些地区利用可获得的要素投入得到的产出低于预期的平均水平，说明其所使用的技术效率等反映科技进步因素的水平有待提高。正残差的省份主要集中在上海、江苏、浙江等东部沿海地区，观测到的产出高于模型预测的平均水平说明其技术效率水平较高。根据残差分布图，可以看出相邻地区的残差数值越接近，说明用 OLS 这种非空间计量模型估计的残差存在空间相关性。

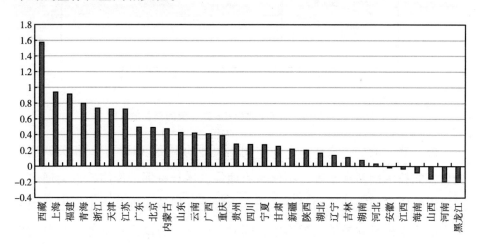

图 7-4　2016 年各省（区市）生产函数 OLS 残差值分布

进一步画出 2016 年 OLS 残差的莫兰散点图（见图 7-5），根据图 7-5，可以看出大部分省市落在第 I、III 象限，显示省域经济的 OLS 残差存在较高的空间关联性。从生产函数普通最小二乘估计残差的区域分布可以明显看出没有考虑空间相关性的 OLS 忽略了被解释变量的空间相关，进一步通过计算 2016 年的莫兰系数值进行空间相关性检验，Morna's I = 0.201，伴随概率 P = 0.038 在 5% 的水平下显著，说明生产函数模型的 OLS 残差值存在显著的空间正相关性，省域经济空间依赖度高，经济发展水平接近的省份呈现一定程度的空间聚集，从而导致区域经济差异的产生。

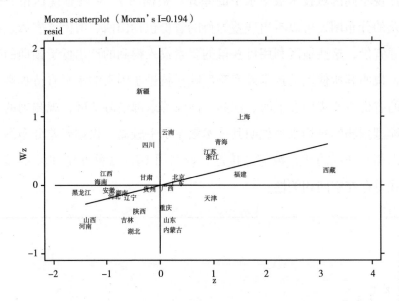

图 7-5　2016 年生产函数 OLS 残差值的莫兰散点图

　　模型普通最小二乘残差存在空间相关性的主要原因是空间相关的遗漏变量，如技术创新水平等，不仅对当地经济增长有促进作用，也会通过空间溢出效应对周边地区的经济增长产生影响，但技术创新水平等潜在因素很难准确地衡量并被纳入模型中，同时与资本、劳动力等其他可观测的影响因素也不无关系，这时简单地用 OLS 估计线性回归模型就会产生遗漏变量偏误，从而影响我们对模型中其他影响响因素对经济增长影响效应的正确推断，需要借助空间计量模型来正确估计模型参数。接下来运用第二节中介绍的 LM 检验法选择合适的模型用于本节的实证分析，相应的 LM

统计量及其伴随概率见表 7 - 4，根据图 7 - 3 空间计量模型选择流程可以判定空间自回归模型（SAR）的估计效果相对于空间误差模型（SEM）的估计效果好，因此选择空间自回归模型（SAR）进行中国大陆省域经济差异的影响因素分析。

表 7 - 4 模型识别检验 LM 统计量

统计量	计算值	P 值
LM-Lag	965. 7770	0. 0000
Robust LM-Lag	1092. 7926	0. 0000
LM-Error	88. 0160	0. 0000
Robust LM-Error	215. 0316	0. 0000

（三）实证分析结果

根据前文的模型识别结果，在式（7 - 25）扩展的生产函数基础上构建式（7 - 9）形式的空间自回归模型（SAR）对中国大陆省域经济差异的影响因素进行实证分析：

$$Y = \rho WY + X\beta + \varepsilon \qquad (7-26)$$

其中：$X = (\text{lnedu}, \text{lnhealth}, \text{lntrans}, \text{lndense}, \text{lntrade}, \text{lnSOE})$；$\beta = (\beta_1, \beta_2, \beta_3, \beta_4, \beta_5, \beta_6)$；$w_{ij}$ 为空间权重矩阵的 (i, j) 元素，仍然采用前文 Rook 邻接定义的空间权重矩阵，若两省和有公共边界，则 $w_{ij} = 1$，否则 $w_{ij} = 0$，同时将矩阵中的每个元素除以其所在行的元素的和，使得每行的元素之和为 1。

本书使用省域面板数据，在经济增长过程中，很难假设个体效应与模型中的解释变量无关，因此本书利用固定效应面板的空间自回归模型进行实证分析，得到实证分析模型如下：

$$\ln Y_{it} = \alpha_i + \beta_1 \ln edu_{it} + \beta_2 \ln health_{it} + \beta_3 \ln trans_{it} + \beta_4 \ln dense_{it} +$$

$$\beta_5 \mathrm{ln}trade_{it} + \beta_6 \mathrm{ln}SOE_{it} + \rho \sum_{j=1}^{n} w_{ij}Y_{jt} + \varepsilon_{it} \qquad (7-27)$$

回归结果见表7–5，表7–5同时报告了OLS和SEM模型的回归便于分析比较。空间自回归系数 ρ 和空间误差回归系数 λ 均为正值且通过了1%的显著性检验，表明所研究的省域经济问题确实存在空间效应的影响，因此OLS回归是有偏不一致的，前文通过LM检验的模型识别确定了SAR为更合适的估计模型，从3个回归结果报告的拟合优度（R^2）和对数似然值（Log-L）来看，SAR的模型拟合效果也是最优的，将其估计结果作为分析讨论的实证依据最科学合理。

表7–5　　　　　　　　　模型的回归系数估计结果

变量	(1) OLS	(2) SAR	(3) SEM
lnedu	2.6275 *** (13.0923)	1.8139 ** (1.9784)	1.3620 (1.3683)
lnhealth	-0.0030 (-0.2085)	0.0909 *** (3.1258)	-0.0027 (-0.2607)
lntrans	0.3564 *** (6.4296)	0.1083 *** (3.2906)	0.0014 (0.0305)
lndense	-0.2941 *** (-7.5298)	0.0891 ** (2.5133)	0.0073 (0.1304)
lntrade	0.1018 *** (3.6628)	-0.0222 (-1.1784)	-0.0264 (-1.2714)
lnSOE	-0.3397 *** (-4.8827)	-0.2153 *** (-4.5888)	-0.2377 *** (-5.1536)
_cons	2.7489 *** (5.8317)		
ρ		0.6868 *** (6.1816)	

续表

变量	(1)	(2)	(3)
	OLS	SAR	SEM
λ			0.9222 *** (24.8776)
R²		0.9629	0.7915
Log-L		297.7965	252.3228

注：*、**、*** 分别表示在10%、5%、1%的显著水平下显著；Log-L 为对数似然值；括号内为相应估计量的 t 值。

　　表 7-5 中空间自回归系数 ρ =0.6868 并且在 1% 的水平下显著为正，说明我国省域之间经济发展水平存在较显著的正空间相关性，即一省市的经济发展水平会显著受到周边省市经济发展的正向影响。可以看出三种回归模型所估计的系数有所差别。OLS 估计的 lnedu、lntrans 和 lnSOE 的系数比空间自回归模型估计的系数大，说明若是采用最小二乘法进行回归会高估平均受教育年限、交通基础设施对地区经济发展的贡献，也会夸大国有经济规模对经济发展的负面影响。而在 OLS 模型中，lnhealth 的系数不显著，但是在空间自回归模型中，lnhealth 显著为正，说明医疗水平的发展会促进经济发展，但这种促进作用若用 OLS 模型则反映不出来。此外，在 OLS 回归模型中，贸易开放程度对经济发展具有显著的正向影响，但是在 SAR 模型中贸易开放程度对经济发展的负面影响并不显著。再比较 SAR 和 SEM 的估计结果，与空间自回归模型（SAR）相比，空间误差模型（SEM）的解释力度低得多，除了国有经济规模对经济发展的抑制作用显著外，其他解释变量均不显著。因此，基于空间自回归模型（SAR）可以更好地分析中国大陆区域经济发展差异的影响因素，为区域经济发展对策建议提供更可靠的实证依据。

　　空间自回归模型实证结果表明，平均受教育水平、医疗水平、交通基础设施、经济密度和国有经济规模都会对经济增长产生显著的影响，其中，平均受教育水平和交通基础设施对经济增长的促进作用更为明显，国有经济规模对经济发展具有较强的抑制作用。所以各省区市应加强人才培育引进，确立人力资本发展战略。提升人们的受教育水平，培养高素质人才，并找准自身定位，合理加大对人才的引进力度，当地政府也应出台相关人才引进政策，建立健全人才制度体系，释放人才"引力波"，改善当地的劳动力质量，从而提升落后省（区市）经济发展的相对速度，促进区域协调发展。此外还要大力发展地区交通基础设施，降低运输成本，促进商品及生产要素的流通，进而发展本地经济并带动周边地区发展。还要重视制度在经济增长中的作用，打造高质量的制度环境，加快国有经济改革步伐和非国有经济的发展，从而提高经济增长的速度，缩小地区间的经济差异，实现区域经济协调发展。

| 第八章 |

研究成果与展望

第一节　研究成果

一、泰尔指数在区域经济差异研究中的应用

利用本书第三章介绍的空间聚集与区域经济差异的测度指标泰尔指数对全国范围内和地区的经济发展问题进行了比较和分析，并取得若干公开发表研究成果。

在《基于泰尔指数的中国大陆区域经济差异变动》（庄赟和黄怡潇，2019）一文中利用泰尔指数对我国大陆改革开放以来不同省份的经济活动差异程度进行测度，测度的指标包括四个方面：经济、人口、就业、生活。具体地，将中国 31 个省（区市）（不含港澳台地区），根据国家统计局标准划分为东部地区、中部地区、西部地区和东北地区四个区域，计算了 GDP 总体差异的泰尔指数、第三次产业增加值泰尔指数和其他指标包括就业人员、人口规模、平均工资的泰尔指数，并对上述代表了经济、人口、就业、生活四个方面的指标分别进行了分析，得出了结论：改革以来我国的 GDP、第二和第三产业、就业以及职工工资的差异呈现倒 U 形，这与我国相应时期区域发展战略转变和产业转移相对对应，说明近来的区域协调发展政策对区域差异的缩小发挥了重要的作用。

　　除了利用泰尔指数对中国区域经济差异变化情况进行原因分析，也广泛地应用泰尔指数对省级或者市级各区域间的区域经济发展进行差异分析。

　　利用泰尔指数对地区经济展的均衡问题进行研究，在《厦漳泉区域差异的泰尔指数评价及政策建议》（庄赟和魏昊，2014）一文中测度的是2005~2012年与建设小康社会紧密相关的经济发展类、生活水平类、社会发展类和环境保护类四个种类指标的差异情况，以此衡量厦门、漳州、泉州三地小康社会发展水平的差异，在四个综合指标下细分17个小指标，计算17个小指标相对于各地人口的区间泰尔指数分析评价，得出结论：在所选样本期内，厦漳泉区域间的差异总体来说逐渐缩小，社会发展类指标和环境保护类指标相对来说差异较大；厦门在各项指标中处于领头地位，漳州在各项指标中的表现较差。基于此，笔者提出了建议：厦门应发挥带头作用，漳州和泉州则应该加大发展力度，达到共同富裕的目标。在《基于人口分布的厦漳泉区域差异测度分析》（魏昊和庄赟，2014）一文中，进一步利用泰尔指数研究厦漳泉三个地区间及地区内的差异程度并进行分析，文章选用的指标是2015~2012年的收入、消费、进出口、医疗、教育等，计算选用指标相对于人口分布的泰尔指数，用以评价主要经济指标在区域间分布是否均衡。基于厦漳泉区域间的各指标泰尔指数的测度，三个地区间的差异和变化趋势表明了区域间经济差异的问题：厦漳泉区域间差异最大的指标是进出口总额；在测度年间基本所有的指标的差异都在降低，除了教育指标外；厦门在各项指标中都处于优势地位，而漳州恰恰相反在各项指标中的表现都处于劣势。对于这三个地区内经济发展均衡程度的测度，笔者选取了三个城市内各区间的GDP、社会消费品零售总额、卫生技术人员数、教育支出四个指标相对于人口分布的泰尔指数，从而得出了结论：漳州和泉州内部除了市辖区外，其他地区处于低水平的均衡；厦门市岛内与岛外的差距明显，要实现厦漳泉同城化，增强厦门作为中心区域的集聚能力和辐射影响力，则厦门首先要提高自身内部的均衡发展程度，才能更好地带动周边城市促进共同发展。

同样对于地区经济发展的均衡问题的研究，《湖南省各中心市州区域经济差异分析》（蒋香园和庄赟，2018）一文中应用泰尔指数对湖南省经济差异的原因进行了区域间和区域内的分析，笔者先是将湖南省 14 个中心市州的 12 指标划分为 4 个一级指标，通过因子分析得到各个城市的综合得分，在因子分析结果的基础上，根据综合得分的排序将 14 个中心市州划分为 4 个发展程度由高到低的四类区域，最后采用泰尔指数对根据因子分析结果划分的四类区域经济发展差异程度进行区域间与区域内的差异测度。

二、统计综合评价法在区域经济差异分析中的应用

利用本书第五章多指标统计综合评价方法对区域经济进行分析评价，也取得了系列研究成果。例如，在《随机前沿分析（SFA）在教育效率测度方面的应用》（庄赟，2012）中采用了多元统计分析中的主成分分析法的综合评价功能来计算各项教育产出指标的综合得分，以达到归纳教育产出指标中的主要信息的目的，大大简化了巨大的信息量。最后在主成分分析法结果的基础上，利用其主成分作为随机前沿分析中的一部分，进行教育效率的测量。文章的创新之处在于将主成分分析法和随机前沿分析相结合，这是在多指标效率测度方面的一个新的尝试，可用于对区域经济效率相关问题进行综合评价。

关于多指标综合评价方法中主成分分析法和因子分析方法在区域经济差异分析中的应用，因子分析可通过被使用在如财政绩效评价、投入产出评价和利用复合指标的方法对城镇化水平的多方面因素综合评价等方面对不同区域之间的经济差异进行比较分析。如在《我国地方政府财政绩效

综合评价研究》（朱博和庄赟，2016）一文中，利用因子分析法根据地方财政支出绩效评价指标体系，对我国省级地方政府的财政绩效进行评价和比较。又如在《福建省市级财政科技投入产出绩效研究》（朱博和庄赟，2018）中，笔者先是在测量了福建省各市财政科技投入和产出能力的基础上，收集 2015 福建省 9 个市级地区的相关经济数据，构建出评价指标体系，基于此，采用因子分析法得出投入能力和产出能力的综合得分，量化出财政科技投入产出绩效，由此，通过分析对比系统分析福建省各市在财政科技投入产出绩效中的差异及其原因。不同于单一的某方面的因子分析的研究之外，对城镇化水平的研究不是单单经济或者民生一个方面就能代表的，城镇化水平是基于人口、经济、社会、生态、城乡统筹和创新等多个方面的综合评价才能系统得出的。另外在《京津冀地区城镇化水平区域差异分析》（黄怡潇和庄赟，2018）中就选取人口、经济、社会、生态、城乡统筹和创新研发 6 个方面的综合指标，然后对这 6 个维度细分为 37 个指标的指标体系进行因子分析，得出京津冀地区 13 个城市的综合得分，在这个结果的基础上对北京和天津以及河北各地区的城镇化差异水平进行比较分析。因子分析也可以与泰尔指数相结合，如《湖南省各中心市州区域经济差异分析》（蒋香园和庄赟，2018）一文中，就将因子分析和泰尔指数相结合，基于因子分析，将湖南省 14 个中心市州划分为 4 个等级，又在因子分析基础上，再应用泰尔指数对湖南省经济差异的原因进行区域间与区域内的分析。

在过去发表的成果中也用到了熵值法和耦合协调评价模型结合的办法对福建省地级市的各个指标的耦合协调发展情况进行分析。在《基于耦合模型的经济、社会和生态协调发展研究——以福建省 9 个地级市为例》（严珊珊和庄赟，2016）中分析比较了福建省 9 个地级市的各个指标的耦合协调发展程度，笔者构建了经济、社会和生态评价指标体系，并用熵值法确定了各项指标的权重，再用耦合协调评价模型，对 2010 年、2013 年经济、社会和生态的耦合协调发展状况进行全面综合评价分析。

三、区域经济运行效率的测度研究

本书介绍了经济效率的系列测算方法，其中 DEA—Malmquist 可以分解经济效率低下的原因，运用本书第四章介绍的 DEA-Malmquist 模型，对区域经济运行效率测度进行了实证研究，在《福建自贸区金融业效率实证研究》（严珊珊和庄赟，2016）一文中，测算了厦门和福建自贸区金融业效率值和全要素生产率数值。文章以生产法选择投入指标测算各自贸片区的金融业效率水平，选取金融业从业人员和金融业固定资产作为投入变量，将金融业的增加值作为产出变量。利用 DEA 中的可变规模报酬（VRS）模型测度了各自贸片区的金融业效率，包括上海自贸区、广州自贸区、深圳自贸区、天津自贸区、福州自贸区和厦门自贸区，发现厦门和福州自贸区与其他自贸区处于 DEA 无效状态，相反，其他自贸区如上海、广州、深圳处于 DEA 有效状态。其中厦门自贸区的金融业表现为技术有效和规模无效，而规模无效是造成 DEA 无效的主要原因；福州自贸区金融业呈现技术和规模两者都无效。然后运用基于 DEA—Malmquist 方法测算出 6 个贸片区的金融业全要素生产率进行测算，并得到了各个自贸区 2005～2013 年全要素生产率的分解情况，从结果可以看出，6 个自贸区整体的全要素增长率都得到了增长，其中厦门和福州片区的技术进步效率与全要素增长率的变化方向相同，但是技术效率的变化方向则相反即在下降，这说明了这两个自贸区的全要素增长率的提高主要是源于技术的进步，同时，也说明了提高规模效率是厦门和福州自贸区需要完善的一部分。最后进一步使用 Tobit 回归方法对厦门片区金融业全要素生产率的影响因素进行实证分析。

第二节　研究展望

一、空间聚集指数的改进

根据本书第四章空间聚集指数的性质要求，进一步检验现有的空间聚集指数是否满足理想的空间聚集指数的性质，进一步修正改进以更科学准确地衡量区域经济。

泰尔指数还是最常用的方法，针对泰尔指数原有方法的不足，将随机方法拓展到区域经济学，通过对随机方法下泰尔指数及其方差的应用，对中国总体经济差距及其区域分布进行测度。对一组确定的人均区域指标水平 x_1, x_2, …, x_n 以及权重 w_1, w_2, …, w_n，构建如下模型：$\ln x_i^o = T + u_i$, $i = 1, 2, …, n$, $x_i^o = x_i / \bar{x}$。式中 T 为泰尔指数，为求解上述模型，

应用以 w_{ij} 为权重的 WLS，得到泰尔指数的一般形式 $\hat{T} = \dfrac{\sum\limits_{i=1}^{n} w_i \ln x_i^o}{\sum\limits_{i=1}^{n} w_i} =$

$\sum\limits_{i=1}^{n} w_i \ln x_i^o$，则可推导出泰尔指数方差与被忽略的考察区域内部方差之间的关系：$Var(\hat{T}) = \sum\limits_{i=1}^{n} w_i \cdot Var(\ln x_i^o)$。该式说明，泰尔指数的方差等于各个区域内部方差的加权平均数，它反映了由于区域的划分而忽略的区域内差异的一般水平。利用随机方法下泰尔指数的这一性质，可以对中国改革开放以来地区间的经济差距以及差距在区域间的分布进行实证研究。

二、空间聚集与区域差异影响因素的实证研究

在后继研究中，拟利用计量经济分析方法对中国区域经济聚集的原因

和经济一体化对区域差异的影响进行实证研究，包括以下两方面研究
内容：

1. 区域经济聚集原因的实证研究

空间聚集的决定因素是什么，以及相应的解释变量是否与理论模型一
致，需要我们利用现代计量经济学方法进行实证研究和检验。我们的研究
思路是建立计量经济模型，根据前一部分内容得到的经济指标的空间聚集
指数作为被解释变量，对新经济地理相关理论模型提出的解释变量如规模
收益递增强度、贸易成本水平等进行回归分析，从而对中国区域经济聚集
的原因进行实证研究。

2. 经济一体化对区域差异影响的实证研究

如前文所述国外研究指出经济一体化程度与区域差异之间的关系为一
条钟形曲线：随着商品和人口转移成本的下降，从空间角度看市场进一步
一体化了，此时经济活动开始聚集在少数几个大城市区域，那么它必然导
致空间差异的扩大；直到一体化达到某临界值，经济活动大量向周围地区
分散，形成中小城市，则空间差异开始缩小。为了验证经济一体化对区域
差异的影响，我们的研究思路是以区域间贸易成本（在国内主要以运输
成本来衡量）作为经济一体化的表征，贸易成本的降低等价于一体化程
度的加强，通过对区域福利水平（主要以实际工资来衡量）和贸易成本
之间关系的定量分析。也拟开展交通基础设施的建设对区域经济差异的研
究，是促进中国省际趋同还是趋异，研究高铁是促进均衡还是扩大差异，
现在所处的阶段决定了经济一体化程度与区域差异之间关系曲线的位置，
从而解释中国区域经济一体化过程中区域差异的变动趋势。

探讨中国区域经济聚集的原因和经济一体化对区域差异的影响，重点
难点在于计量分析方法的研究与应用以及变量的选择。在建立计量模型的
过程中，由于经济理论的不足或是数据收集的困难，难免存在遗漏解释变
量、测量误差，甚至为严重的解释变量内生性问题，因此，为了得到有效

的估计结果，关于计量方法的研究也是一项重要内容，包括运用外生性检验统计量、运用工具变量技术解决内生解释变量问题、运用固定效应面板数据模型解决遗漏变量问题等。这些计量经济学相关的问题在后续的实证研究中同样需要面对。

3. 空间聚集对区域经济运行效率的影响效应研究

聚集经济对生产率的影响作用是一个动态的过程，可以建立动态面板数据模型来研究：$y_{it} = \alpha + \rho y_{it-1} + x'_{it}\beta + z'_i\gamma + u_{it}$，$y_{it}$ 为中国各区域经济效率评价值，x'_{it} 为影响因素矩阵（包括衡量聚集程度的指数），z'_i 为影响区域经济效率的个体不变因素，因此可以在控制因变量固定效应的同时检验其随时间变化的外部性。由于滞后变量 y_{it-1} 的弱外生性，需要借助工具变量采用 3 阶段 OLS 进行估计以得到一致估计量。

多指标综合评价方法因子分析也能提取影响区域经济运行效率的主要因素。多指标综合评价法进行经济效率评价的基础上，还可以进一步利用离散选择模型中的比例优势累积 Logit 模型 $P(Y > j) = \dfrac{e^{\alpha_i + \beta X}}{1 + e^{j + \beta X}}(j = 1, 2, \cdots,$ $r - 1)$ 来研究各单项经济效率评价指标中哪些指标对提高经济运行综合效率的影响效应最明显，从而明确经济运行效率的提高路径。

三、马尔可夫矩阵在区域经济分布空间演变研究中的应用

尽管本书第七章应用的莫兰散点图为区域收入分配在某一时刻的空间分布提供了重要的分析方法，但无法研究经济变量空间分布如何随时间演变。雷伊（Rey，2001）提出了一些新的空间分析实证策略来研究区域收入分配的时空演变，可以应用于进行区域收入增长动态分析。这些方法是基于对经典马尔可夫转移矩阵的扩展，通过在马尔可夫框架内集成一些局部空间统计方法来实现的。通过这些新方法，我们不仅可以观察一个经济体在收入分配中跨越不同阶层转型的频率，还可以研究这些转型是否依赖

于空间（是否与空间相关）。

通过将局部空间统计的一些最新发展纳入马尔可夫链框架，可以更充分地考虑经济变量空间动态变化的区域背景，更充分地检验地理因素在区域收入分配演变中的作用，此外，由此产生的空间马尔可夫矩阵也可以用来度量总结这些收入分布的时空演化，这种整合也为描述区域空间经济增长动力提供了一些新的度量标准。

在后续的课题研究中，将进一步研究马尔可夫链与局部空间统计相结合的定量分析方法，通过研究收入（GDP）分配跨越不同阶层的概率，以及研究此转移概率的影响因素，为缩小区域经济差距政策提供实证依据。

四、GIS 方法在描述经济活动空间分布中的应用

1. GIS 技术应用简述

地理信息系统（GIS）技术是近年来受到广泛关注并在大数据时代越发得到重视的数字化、可视化工具，在土地管理和城市规划领域已实现大范围应用。对于经济活动来说，同样存在空间维度的影响效应和差异，因而，借助 GIS 技术去组织、管理并分析这些经济活动的空间信息数据，能够为我们进行区域经济的空间差异分析提供可视化依据和可交互的平台。

常见的 GIS 分析方法和工具包括：缓冲区分析、叠置分析、栅格分析、网络分析、适应性分析、3D 可视化分析、空间统计学分析以及空间计量经济建模等。将 GIS 分析与区域经济有关理论和方法论相结合，一个直接例子就是空间计量经济模型的构建，这有利于将经济数学模型实用化，快速梳理不同区域间的经济关系，探索实证经济规律。

第六章所介绍的投入产出分析方法理论上同样可与 GIS 结合运用。譬如，将投入产出模型和参数嵌入基于 GIS 的空间信息数据库中，搭建可与用户交互的平台；用户将有关原始经济扰动的数据输入该平台后，平台根

据投入产出模型和空间信息自动输出该扰动在不同地区产生的或大或小的经济涟漪效应，从而可以用于生动展示某项经济活动对其发生场所及周边大范围区域的经济影响。根据相应影响的程度和预先设定的衡量参照指标，GIS 系统能够可视化输出各个地区产业经济差异的大小。这样的直观性更利于发现区域经济差异的空间分布特征，也有潜力为决策部门提供高效简明的决策参考。

2. GIS 与区域经济分析结合的热点

（1）产业布局。

产业布局的有关问题是产业经济学的一大核心内容，也是进行区域经济分析的重要一环。产业布局从概念上看既是静态问题，又是动态问题；它涉及各部门、要素和关联关系的空间分布和组合，也涉及资源要素以区位为导向的流动和配置。因此，结合 GIS 技术极强的空间分析能力，能够方便地分析产业链条在空间上的集中和分散程度。具体来说，在 GIS 平台上可以实现的研究方法包括：反距离权重插值法、平均最近距离分析法、缓冲区分析法、统计表分析法、地图分析法、密度分析法和空间自相关分析法等。

此外，产业布局在时间上的动态性自然牵涉到产业结构的演变问题。相应地可使用 GIS 中的 MapInfo 软件绘制专题地图，得到不同年份的经济状况分布图，进而可以对产业结构的演变和发展趋势进行分析。其他常见方法还包括：区域重心分析法、主成分分析法、偏离—份额分析法等。

（2）产业的空间发展模式与空间关联。

针对产业的空间发展模式和空间关联问题，GIS 技术所具有的空间统计分析工具颇有用武之地。例如，空间统计学可以很好地分析某种产业的分布密集程度是否具有明显规律性，判断其分布是否呈现显著的空间自相关和聚集模式。更进一步，运用空间统计方法，能够透视该产业的繁荣和萎缩是否与其所在地区的经济繁荣程度存在明显的相关性。

　　综上所述，想要将 GIS 技术很好地与区域经济差异的研究相整合，需以区域经济统计数据为基础，利用集成开发等技术将有关数据与空间信息在 GIS 环境中搭建出有空间查询功能的平台，以方便进行基本的回归和预测分析以及区域经济的空间差异比较，并将分析结果可视化表达出来。

参 考 文 献

[1] Fujita, M. , P. Kurgman. and A. J. Venables. The Spatial Economy：Cities, Regions and International Trade [M]. Cambridge, MA：MIT Press, 1999.

[2] Picard, P. and D. Z. Zeng. Agricultural sector and industrial agglomeration [J]. Journal of Development Economics, 2005, 77：75 - 106.

[3] Ottaviano, G. I. P. , and J. F. Thisse. Integration, agglomeration and the political economics of factor mobility [J]. Journal of Public Economics, 2003, 83：429 - 456.

[4] Tabuchi, T. , and J. F. Thisse. Taste heterogeneity, labor mobility and economic geography [J]. Journal of Development Economics, 2002, 69：155 - 177.

[5] Forslid, R. , J. Haaland, and K. H. Midefart-Knarvik. A U-shaped Europe? A simulation study of industrial location [J]. Journal of International Economics, 2002, 57：273 - 297.

[6] Nijkamp, P. , and J. Poot. Spatial Perspectives on New Theories of Economic Growth [J]. Annals of Regional Science, 1998, 32：407 - 37.

[7] 姬广坡. 论经济一体化的逻辑构成 [J]. 财贸经济, 1999 (9)：3 - 5.

[8] 孟庆民. 区域经济一体化的概念与机制 [J]. 开发研究, 2001

（2）：47 - 49.

[9] 梁琦著. 产业集聚论 [M]. 北京：商务印书馆，2004.

[10] 宋丽岩. 吉林省区域经济差异与协调发展研究 [D]. 长春：东北师范大学，2007.

[11] 闫记影，孙秋兰. 直辖以来重庆市县域经济差异的时空演变 [J]. 西南大学学报（自然科学版），2020，42（8）：106 - 116.

[12] 王小鲁，樊纲. 中国地区差距的变动趋势和影响因素 [J]. 经济研究，2004（1）：33 - 44.

[13] 李妍，赵蕾，薛俭. 城市基础设施与区域经济增长的关系研究——基于1997—2013年我国31个省份面板数据的实证分析 [J]. 经济问题探索，2015（2）：109 - 114.

[14] 刘长平，李前兵. 基于省际面板数据的区域经济差异多指标测度 [J]. 统计与决策，2012（18）：83 - 85.

[15] 章元，刘修岩. 聚集经济与经济增长：来自中国的经验证据 [J]. 世界经济，2008（3）：60 - 70.

[16] 李志刚，汤书昆，梁晓艳，吴灵光. 我国创新产出的空间分布特征研究——基于省际专利统计数据的空间计量分析 [J]. 科学学与科学技术管理，2006（8）：64 - 71.

[17] 覃成林，刘迎霞，李超. 空间外溢与区域经济增长趋同——基于长江三角洲的案例分析 [J]. 中国社会科学，2012（5）：76 - 94 + 206.

[18] P Martin，IP O Gianmarco. Growth and Agglomeration [J]. International Economic Review. 2001（4）.

[19] Puga，D. The rise and fall of regional inequalities [J]. European Economic Review，199，43：303 - 304.

[20] 孙亚男，刘华军，崔蓉. 中国地区经济差距的来源及其空间相关性影响：区域协调发展视角 [J]. 广东财经大学学报，2016，31（2）：

4-15.

[21] 蔡昉，王德文. 比较优势差异、变化及其对地区差距的影响 [J]. 中国社会科学，2002 (5)：41-54+204.

[22] 严成樑，龚六堂. R&D 规模、R&D 结构与经济增长 [J]. 南开经济研究，2013 (2)：3-19.

[23] 张光南，宋冉. 中国交通对"中国制造"的要素投入影响研究 [J]. 经济研究，2013，48 (7)：63-75.

[24] 汪锋，张宗益，康继军. 企业市场化、对外开放与中国经济增长条件收敛 [J]. 世界经济，2006 (6)：48-60.

[25] 赵星，王林辉. 中国城市创新集聚空间演化特征及影响因素研究 [J]. 经济学家，2020 (9)：75-84.

[26] 陈方. 长三角地区生产性服务业集聚影响因素研究 [D]. 吉林大学，2020.

[27] 张志斌，公维民，张怀林，王凯佳，赵航. 兰州市生产性服务业的空间集聚及其影响因素 [J]. 经济地理，2019，39 (9)：112-121.

[28] 邓生权. 江苏省县域工业集聚的空间效应及影响因素研究 [D]. 兰州财经大学，2019.

[29] 周欣. 长江上游地区工业生态集聚及其影响因素研究 [D]. 重庆工商大学，2019.

[30] 武崇阳. 医药制造业产业集聚及其影响因素研究 [D]. 山西财经大学，2019.

[31] 董哲铭. 中国大数据产业空间集聚研究 [D]. 北京邮电大学，2019.

[32] 于铭. 中国产业集聚与区域经济增长问题研究 [D]. 辽宁大学，2007.

[33] 蒋香园. 制造业集聚对区域经济增长的影响效应研究 [D]. 集

美大学，2019.

[34] 王娣，蒋涛. 基于熵值法的江苏省经济增长质量分析 [J]. 时代金融，2017（21）：38 – 39 + 44.

[35] 耿焕侠，张小林. 基于熵值法的江苏省经济增长质量定量分析 [J]. 地理与地理信息科学，2014，30（1）：81 – 85 + 127.

[36] 严红梅. 基于因子分析法的我国经济增长质量的实证分析 [J]. 科技管理研究，2008（8）：239 – 242.

[37] 张志明. 基于索洛模型对湖南省经济增长的研究 [J]. 时代金融，2017（20）：85 – 86.

[38] 刘晓彤，张祎，宋尚彬，郭健. 山东省全要素生产率测算及其对经济增长的贡献研究 [J]. 公共财政研究，2020（4）：52 – 65.

[39] 王庆喜，胡志学. 长三角地区研发企业集聚与知识溢出强度——连续空间中的微观分析 [J]. 地理科学，2018，38（11）：1828 – 1836.

[40] 李汉青，袁文，马明清，袁武. 珠三角制造业集聚特征及基于增量的演变分析 [J]. 地理科学进展，2018，37（9）：1291 – 1302.

[41] 戴平生. 基尼加权回归分析：概念、方法及应用 [J]. 统计研究，2018，35（9）：103 – 114.

[42] 杨岩，姚长青，张均胜，张兆锋. 长江中游城市群科研人才空间集聚分析 [J]. 地理空间信息，2018，16（9）：5 – 10.

[43] 邸俊鹏，朱平芳，王浩宇. 中国企业创新的空间集聚及其对生产率的影响研究 [J]. 南京社会科学，2018（8）：26 – 34.

[44] 陈柯，张晓嘉，韩清. 中国工业产业空间集聚的测量及特征研究 [J]. 上海经济研究，2018（7）：30 – 42.

[45] 徐维祥，杨蕾，刘程军. 长江经济带创新速度的空间集聚及其门槛效应研究 [J]. 科技管理研究，2018，38（12）：127 – 134.

[46] 王欢芳，李密，宾厚. 产业空间集聚水平测度的模型运用与比

较 [J]. 统计与决策, 2018, 34 (11): 37 - 42.

[47] 俞彤晖. 流通产业集聚、地区经济效率与城乡收入差距 [J]. 经济经纬, 2018, 35 (4): 94 - 100.

[48] 王淑华, 董引引, 冯淑霞. 基于 Theil 指数的河南省旅游区入境旅游经济发展差异研究 [J]. 平顶山学院学报, 2018, 33 (2): 117 - 122.

[49] 邵朝对, 苏丹妮, 李坤望. 跨越边界的集聚: 空间特征与驱动因素 [J]. 财贸经济, 2018, 39 (4): 99 - 113.

[50] 朱向东, 贺灿飞, 毛熙彦, 李伟. 贸易保护背景下中国光伏产业空间格局及其影响因素 [J]. 经济地理, 2018, 38 (3): 98 - 105.

[51] 吴立力. 金融业集聚对我国城乡居民收入差距影响的实证研究——基于动态 GMM 模型和空间 Durbin 模型的双重检验 [J]. 经济经纬, 2018, 35 (2): 7 - 12.

[52] 宋彩平, 刘阳, 陈向华, 王学瓅. 中国家具产业发展的地区差异与演化路径研究——基于泰尔指数的测度 [J]. 林业经济问题, 2018, 38 (1): 36 - 41 + 104.

[53] 尤瑞玲. 高技术产业集聚研究动态 [J]. 技术经济与管理研究, 2018 (1): 107 - 112.

[54] 李梦程, 李世泰, 刘春浩, 张延, 孙剑锋. 基于 EG 指数的烟台市旅游产业时空发展集聚研究 [J]. 鲁东大学学报 (自然科学版), 2017, 33 (4): 346 - 352.

[55] 胡嘉威, 肖文博, 周丽. 基尼系数的局限性研究 [J]. 市场周刊 (理论研究), 2017 (8): 131 - 132 + 104.

[56] 谢静, 马爱霞. 创新视角下我国医药制造业集聚水平分析——基于 DO 指数的企业精准地理位置测度 [J]. 科技管理研究, 2017, 37 (15): 170 - 178.

[57] 王惊雷, 李在军. 基于基尼系数空间分解的江苏省经济发展差

异分析 [J]. 地域研究与开发, 2017, 36 (3): 12 - 15.

[58] 谭清美, 陆菲菲. Ellison-Glaeser 指数的修正方法及其应用——对中国制造业行业集聚的再测度 [J]. 技术经济, 2016, 35 (11): 62 - 67.

[59] 朱海艳. 旅游产业集聚度时空演变研究 [J]. 统计与决策, 2016 (13): 121 - 124.

[60] 张艳雯. 基于 MS 指数的山东省对日韩农产品贸易竞争力研究 [J]. 中国商论, 2016 (11): 121 - 123.

[61] 常浩青. 基于基尼系数的江苏省现代服务业集聚分析 [J]. 中国集体经济, 2016 (9): 18 - 19.

[62] 陈长石, 吴晶晶, 刘和骏. 转型期中国制造业产业集聚分布特征及动态演进——兼论 EG 指数衡量产业集聚的有效性 [J]. 财经问题研究, 2016 (1): 25 - 33.

[63] 戴平生. 区位基尼系数的计算、性质及其应用 [J]. 数量经济技术经济研究, 2015, 32 (7): 149 - 161.

[64] 伍骏骞. 经济集聚对农民增收与农村减贫的直接影响和空间溢出效应研究 [D]. 浙江大学, 2014.

[65] 蒋涛, 沈正平, 李敏. 我国经济格局与收入差距演变关系探讨 [J]. 经济地理, 2013, 33 (6): 30 - 35.

[66] 戴平生. 基尼系数的区间估计及其应用 [J]. 统计研究, 2013, 30 (5): 83 - 89.

[67] 曹海波. 中国区域经济增长差异及其影响因素分析 [D]. 吉林大学, 2012.

[68] 蒲业潇. 理解区位基尼系数: 局限性与基准分布的选择 [J]. 统计研究, 2011, 28 (9): 101 - 109.

[69] 沃尔特·艾萨德. 区位与空间经济——关于产业区位、市场区、土地利用、贸易和城市结构的一般理论 [M]. 北京: 北京大学出版

社，2011.1.

［70］埃德加·M. 胡佛. 区域经济学导论［M］. 北京：商务印书馆出社，1990.11.

［71］沃尔特·艾萨德. 区域科学导论［M］. 北京：高等教育出版社，1991.11.

［72］Rey S. Spatial empirics for economic growth and convergence［J］. Geographical Analysis，2001（33）：194 – 214.

［73］Fan C. C.，Scott，A. J. Industrial Agglomeration and Development：A Survey of Spatial Economic Issues in East Asia and a Statistical Analysis of Chinese Regions［J］. Economic Geography，2003，79（3）：295 – 319.

［74］郭腾云，徐勇，张同升. 我国区域政策与区域经济空间分布变化的计量分析［J］. 地域研究与开发，2006，25（4）：1 – 5.

［75］蒋涛，李九全，沈正平. 改革开放以来我国产业活动的空间分布及其变化特征趋势——我国区域经济发展差异成因的一种解释［J］. 学习与实践，2007（12）：26 – 31.

［76］朱希伟，陶永亮. 经济集聚与区域协调［J］. 世界经济文汇，2011（3）：1 – 25.

［77］年猛，孙久文. 中国区域经济空间结构变化研究［J］. 经济理论与经济管理，2012（2）：89 – 96.

［78］张车伟，蔡翼飞. 人口与经济分布匹配视角下的中国区域均衡发展［J］. 人口研究，2013，37（6）：3 – 16.

［79］解煊，莫旋. 论不平等程度度量的统计方法［J］. 长春师范学院学报（自然科学版），2005，24（6）：26 – 30.

［80］熊俊. 基尼系数估算方法的比较研究，财经问题研究［J］. 财经问题研究，2003，（1）：79 – 82.

［81］Shu Yao. On the decomposition of Gini coefficients by population on class and income source: a spread-sheet approach and application [J]. Applied Economics, 1990 (31): 1249 – 1264.

[82] 陈卫东. 论缩小收入差距的财政政策 [M]. 北京: 中国财政经济出版社, 2008.

[83] 周云波, (美) 覃晏. 中国居民收入分配差距的实证分析 [M]. 天津: 南开大学出版社, 2008.

[84] Henri Theil. Studies in mathematical and managerial economics [M]. Amsterdam: North-Holland Publishing company, 1967.

[85] 皮埃尔 – 菲利普·库姆斯, 蒂里·迈耶, 雅克 – 弗朗索瓦·蒂斯. 经济地理学: 区域和国家一体化 [M]. 北京: 中国人民大学出版社, 2011.

[86] 关爱萍, 陈锐. 产业集聚水平测度方法的研究综述 [J]. 工业技术经济, 2014 (12): 150 – 155.

[87] 王子龙, 谭清美, 许箫迪. 高技术产业集聚水平测度方法及实证研究 [J]. 科学学研究, 2006, 24 (5): 706 – 714.

[88] 于文浩. 改革开放以来中国区域发展战略的历史考察 [J]. 中国经济史研究, 2015 (6): 126 – 131.

[89] Griliches, Zvi, ed. Output measurement in the service sector. Studies in Income and Wealth [M]. Chicago: University of Chicago Press. 1992.

[90] Farrell, M. J. The Measurement of Productive efficiency [J]. Journal of the Royal Statistical Society. 1957, (120): 253 – 281.

[91] Caves, D. W., Christensen, L. R., & Diewert, W. E.. The Economic Theory of Index Numbers and the Measurement of Input, Output, and Productivity [J]. Econometrica, 1982 (50): 1393 – 1414.

[92] Fare, R., Grosskopf, M. Norris & Zhang, Z, Productivity

Growth, Technical Progress and Efficiency Changes in Industrialized Countries [J]. American Economic Review, 1994 (84): 595 – 620.

[93] Indrajit Bairagya. Distinction between Informal and Unorganized Sector: A Study of Total Factor Productivity Growth for Manufacturing Sector in India [J]. Journal of Economics and Behavioral Studies, 2011, 3 (5): 296 – 310.

[94] Robert M. Solow. Technical Change and the Aggregate Production Function [J]. Review of Economics and Statistics, 1957, 39: 312 – 320.

[95] 陈珊. 基于 DEA 及 Malmquist 指数的我国新能源发电效率评价研究 [D]. 成都理工大学, 2017.

[96] 贾若祥. 东北三省装备制造业的发展思路 [J]. 中国发展观察, 2011 (7): 83 – 92.

[97] 杨文爽. 东北三省高技术产业全要素生产率增长对产业升级的影响研究 [D]. 东北师范大学, 2017.

[98] 龚六堂, 谢丹阳. 我国省份之间的要素流动和边际生产率的差异分析 [J]. 经济研究, 2004 (1): 45 – 53.

[99] 曾五一. 统计学 [M]. 北京: 中国金融出版社, 2006.

[100] 苏为华. 多指标综合评价理论与方法研究 [M]. 北京: 中国物价出版社, 2001.

[101] 白永秀, 张新渊, 周江燕. 吉林省城乡发展一体化水平评价——基于 2000—2011 年的数据分析 [J]. 长白学刊, 2014 (3): 82 – 83.

[102] 姚媛, 施忆. 苏州城乡一体化晋升国家级试点, 着力打造八个示范区 [N/OL]. 苏州日报, 2014 – 03 – 31 [2016 – 05 – 18]. http: // js. people. com. cn/html/2014/03/31/298957. html.

[103] 康永超. 发达地区的城乡发展一体化之路与前瞻——以苏州、嘉兴、中山为例 [J]. 经济研究参考, 2014 (5): 52 – 55.

［104］白羽. 中山：新老中山人在城乡一体化中共享发展成果［EB/
OL］. 新华网.（2015 – 04 – 29）［2016 – 05 – 18］http：//news. xinhua-
net. com/local/2015 – 04/29/c_1115136013. htm.

［105］丁凯. 城乡一体化的着力点在哪里？［EB/OL］. 财经网.
（2010 – 08 – 24）［2016 – 05 – 18］http：//www. moa. gov. cn/fwllm/jjps/
201008/t20100824_1623960. htm.

［106］梁小琴. 城乡统筹改革样本：成都推进城乡一体化调查报告
［EB/OL］. 人民网. （2010 – 03 – 02） ［2016 – 05 – 18］http：//
www. gov. cn/jrzg/2010 – 03/02/content_1545044. htm.

［107］王谭稳. 农业现代化的"嘉兴样本"［N/OL］. 嘉兴在线—嘉
兴日报，2015 – 03 – 01［2016 – 05 – 18］http：//www. cnjxol. com/xwzx/
jxxw/szxw/content/2015 – 03/01/content_3282713. htm.

［108］李振京，徐兰飞. 嘉兴市统筹城乡发展综合配套改革调研报告
［R/OL］. 国家发展和改革委员会经济体制与管理研究所.（2011 – 04 –18）
［2016 – 05 – 18］http：//www. china-reform. org/？content_185. html.

［109］李静. 大连市城乡二元经济结构和城乡一体化发展水平研究
［D］. 辽宁：辽宁师范大学，2013：31 – 32.

［110］马军伟，张国平. 城乡一体化评价指标体系设计与测评的研
究综述［J］. 常熟理工学院学报，2015，29（1）：92 – 93.

［111］朱喜群，中国城乡一体化实现路径研究——以苏州为考察个
案［D］. 江苏：苏州大学，2014：102.

［112］张玲. 河北省城乡一体化发展综合评价研究［D］. 河北：河
北师范大学，2014：33 – 34.

［113］谷炜，杜秀亭，卫李蓉. 基于因子分析法的中国规模以上工业
企业技术创新能力评价研究［J］. 科学管理研究，2015，（1）：84 – 87.

［114］孙慧，周锐. 基于模糊层次综合评价的我国西部地区企业创新

能力评价研究 [A]. 中国管理现代化研究会、复旦管理学奖励基金会. 第九届 (2014) 中国管理学年会——技术与创新管理、国际商务谈判分会场论文集 [C]. 中国管理现代化研究会、复旦管理学奖励基金会, 2014: 7.

[115] 肖永红, 张新伟, 王其文. 基于层次分析法的我国高新区创新能力评价研究 [J]. 经济问题, 2012, (1): 31 – 34.

[116] 蒋世辉, 黄士国. 河南省大中型工业企业自主创新能力综合评价 [J]. 企业经济, 2012, (5): 51 – 54.

[117] 徐立平, 姜向荣, 尹翀. 企业创新能力评价指标体系研究 [J]. 科研管理, 2015, (S1): 122 – 126.

[118] 钟智. 高新技术企业技术创新能力评价指标体系研究 [J]. 时代金融, 2015, (5): 299 + 301.

[119] 付腾. 我国科技型中小企业创新能力评价指标体系研究 [D]. 湖北大学, 2014.

[120] 洪素珍. 如何有效利用主成分分析中的主成分 [D]. 华中师范大学, 2008.

[121] 张爱宁, 玄兆辉, 马巧丽. 甘肃省 R&D 活动效率研究 [J]. 中国科技论坛, 2012 (6): 116 – 118.

[122] 刘晓荣. 基于 DEA 方法的甘肃省工业企业 R&D 投入效率研究. 开发研究, 2015 (1): 81 – 82.

[123] 赵怡, 司文晴. 基于 DEA 的工业企业科技投入与创新绩效评价研究——以山西省为例 [J]. 高等财经教育研究, 2013 (3): 91.

[124] 金彦龙, 姜健, 张海林. 工业企业自主创新能力评价研究——以辽宁省为例 [J]. 科技进步与对策, 2012 (10): 110 – 111.

[125] Dietzenbacher, E., & Lahr, M. L. (Eds.). Wassily Leontief and input-output economics [M]. Cambridge University Press, 2004.

[126] Hepple, LW. Economic base theory. In RJ. Johnston, D. Grego-

ry, G. Pratt, & M. Watts (Eds.), The Dictionary of Human Geography (4th ed). Blackwell, 2000: 195.

[127] Cardenete MA, Guerra A-I, & Sancho F. Applied General Equilibrium: An Introduction [DB]. Springer: NY, 2012.

[128] Miller RE and Blair PD. Input-Output Analysis: Foundations and Extensions [M]. 2 ed. Press: NY, 2009.

[129] Tobler, W. R.. A computer movie simulating urban growth in the Detroit region [J]. Economic geography, 1970, 46: 234 – 240.

[130] Anselin, L., Bera, A., Florax, R. J., and Yoon, M.. Simple diagnostic tests for spatial dependence [J]. Regional Science and Urban Economics, 1996, 26: 77 – 104.

[131] Cliff, A. and J. Ord. Spatial Autocorrelation [M]. London: Pion, 1973.

[132] Anselin, L. Local Indicators of Spatial Association-LISA [J]. Geographical Analysis, 1995, 27, 93 – 115.

[133] KRUGMAN P. Increasing returns and economic geography [J]. Journal of Political Economy, 1991, 99 (3): 483 – 499.

[134] 刘清春、王铮. 中国区域经济差异形成的三次地理要素 [J]. 地理研究. 2009 (2).

[135] 张鹏飞, 李国强, 侯麟科, 刘明兴. 区域经济增长差异的再反思: 历史起因与演化逻辑 [J]. 经济学 (季刊), 2019, 18 (1): 151 – 166.

[136] 程名望, 贾晓佳, 仇焕广. 中国经济增长 (1978—2015): 灵感还是汗水? [J]. 经济研究, 2019, 54 (7): 30 – 46.

[137] 吴金燕, 滕建州. 经济金融化对实体经济影响的区域差异研究——基于省级面板数据的空间计量研究 [J]. 经济问题探索, 2020 (7): 15 – 27.

[138] 赵丹, 孙东琪, 陈明星. 长三角县域经济增长的时空差异与影响因素 [J]. 经济经纬, 2020, 37 (4): 1-10.

[139] Quah, D. Regional Convergence Clusters across Europe [J]. European Economic Review 1996, 40: 951-58.

[140] Anselin, L. Spatial Econometrics: Methods and Models [M]. Dorddrecht: Kluwer Academic Publishers, 1988.

[141] 世界银行2009年世界发展报告: 重塑世界经济地理 [M]. 北京: 清华大学出版社, 2009: 7.

[142] 齐美虎, 张林. 云南3D经济地理特征及其影响 [J]. 思想战线. 2012 (6): 41-44.

[143] Harry Kelejian. Spatial Econometrics [M]. Academic Press, 2017.

[144] Luc Anselin. Modern Spatial Econometrics in Practice [M]. GeoDa Press, 2014.

[145] James LeSage. Introduction to Spatial Econometrics [M]. CRC Press, 2009.

[146] 张军等. 中国省际物质资本存量估算: 1952—2000 [J]. 经济研究, 2020 (4): 35-44.

[147] 张改素等. 我国中部地区经济密度的时空分异研究 [J]. 经济地理, 2013, 33 (5): 15-23.

[148] 王小鲁, 樊纲, 胡李鹏. 中国分省份市场化指数报告 [M]. 北京: 社会科学文献出版社, 2019: 216-223.

[149] 吴玉鸣. 县域经济增长集聚与差异: 空间计量经济实证分析 [J]. 世界经济文汇. 2007 (2).

[150] 陈培阳, 朱喜钢. 福建省区域经济差异演化及其动力机制的空间分析 [J]. 经济地理, 2011, 31 (8): 1252-1257+1282.

［151］Andy Mitchell. The ESRI Guide to GIS Analysis，Volume 2：Spatial Measurements and Statistics ［M］. ESRI Press：Redlands，CA. 2005.

［152］Dietzenbacher，E.，& Lahr，M. L.（Eds.）.（2004）. *Wassily Leontief and input-output economics*. Cambridge University Press.

［153］Hepple，LW.（2000）. Economic base theory. In RJ. Johnston，D. Gregory，G. Pratt，& M. Watts（Eds.），*The Dictionary of Human Geography*（4*th ed*）（pp. 195 – 195）. Blackwell.

［154］庄赟，魏昊. 厦漳泉区域差异的泰尔指数评价及政策建议 ［J］. 集美大学学报（哲学社会科学版），2014，17（3）：38 – 42 + 97.

［155］魏昊，庄赟. 基于人口分布的厦漳泉区域差异测度分析 ［J］. 厦门理工学院学报，2014，22（4）：68 – 74.

［156］庄赟. 随机前沿分析（SFA）在教育效率测度方面的应用 ［J］. 集美大学学报（教育科学版），2012，13（4）：45 – 49.

［157］朱博，庄赟. 福建省市级财政科技投入产出绩效研究 ［J］. 集美大学学报（哲社版），2018，21（1）：47 – 53.

［158］朱博，庄赟. 我国地方政府财政绩效综合评价研究 ［J］. 统计与咨询，2016，（5）：26 – 28.

［159］黄怡潇，庄赟. 京津冀地区城镇化水平区域差异分析 ［J］. 莆田学院学报，2018，25（4）：69 – 73 + 80.

［160］严珊珊，庄赟. 基于耦合模型的经济、社会和生态协调发展研究——以福建省9个地级市为例 ［J］. 莆田学院学报，2016，23（3）：36 – 41 + 50.

［161］严珊珊，庄赟. 福建自贸区金融业效率实证研究 ［J］. 集美大学学报（哲社版），2016，19（4）：55 – 62.

［162］庄赟，黄怡潇. 基于泰尔指数的中国大陆区域经济差异变动 ［J］. 集美大学学报（哲社版），2019，22（1）：52 – 60.